创 美 行 远

——幼儿园创美教育活动的蝶变之路

陆美英　著

文汇出版社

序

    随着《关于全面加强和改进新时代学校美育工作的意见》的贯彻实施，美育的育人价值日益得到重视和彰显，美育是党的教育方针的重要组成部分，更是落实立德树人根本任务的重要途径。金悦幼儿园作为创美教育的先行者，坚持以习近平文化思想为指导，充分发挥学校美育育人、凝心聚力的作用，积极探索全面推进幼儿园美育改革创新的新局面，将目光聚焦幼儿创美教育的生动实践，潜移默化地彰显育人成效。阅读了《创美行远——幼儿园创美教育活动的蝶变之路》一书后，深受启发。全书以培养幼儿"乐美、享美、创美"为目标，将创美教育的着力点放在发挥育人价值上，重视美育的身心浸润，让幼儿得到深度探索，从而自觉地提升审美素养，充实精神世界，促进幼儿成长为和谐、完整的人，最终落实立德树人的根本任务。回顾二十年幼儿园美术研究历程，园所能直面幼儿发展现状，以贴近社会、贴近自然、贴近生活、贴近幼儿为原则，不断重构创美活动内容、教学方法和评价机制等，充分发挥创美活动的多元教育价值，营造有利于促进美育功能的幼儿园环境和文化，引导幼儿浸润于美的环境中发现美、理解美、创造美。

一、践行立德树人根本任务

    近日，中共中央、国务院印发了《教育强国建设规划纲要（2024—2035年）》，面向到2035年建成教育强国目标，对加快建设教育强国做出全面系统部署，要求加快补齐美育教育短板，塑造立德树人新格局，培养担当民族复兴大任的时代新人。2023年教育部下发的《教育部关于全面实施学校美育浸润行动的通知》是进一步加强和改进学校美育工作的一次全面具体部署，强化学校美育的育人功能。美育的目的不是在"美术"，而是在"育人"，金悦幼儿园厘清过去创美教育活动中存在的问题,进一步明确幼儿的主体地位,重构幼儿与美的互动方式,让创美教育活动真正成为"以幼儿为主体"的生命成长过程,重新唤醒美育的育人价值,实现立德树人。金悦幼儿园秉持"尚美金悦 乐享成长"的办园理念,能将对美的重视落实于行动中,遵循美育特点,以实践性、情感性和生活化的特点构建创美教育活动。本书的出版既推进了新时代改革发展需要、幼儿园高质量发展的方向,更是夯实基础教育基石,办好具有新时代特点、园所特色、人民满意教育的需求。

二、基于实践形成教育智慧

美育是激发创新活力的重要源泉。创新是一个民族进步的灵魂,是一个国家兴旺发达的不竭动力。重构与循证形成了幼儿创美教育活动的育人智慧,在价值上,本研究聚焦教育前沿问题,以创美教育活动推进育人方式的变革,构建内容丰富、形式多样的实践平台,形成更聚焦、整合、灵动的活动体系。在内容上,从创美教育活动的发展轨迹、理论基础、多元属性、整体设计、空间创设、专题探索六个维度,构成了相对全面的创美教育活动育人体系。在形式上,本书采用文献研究、实证调查和行动研究等多种研究方法,对幼儿创美教育活动实施现状进行全面而深入的剖析。在论述过程中,注重理论与实践相结合,运用大量的教育案例,使本研究具有很高的可信度和说服力,为教育工作者提供了宝贵的启示和思考空间。此研究见证了幼儿在创美教育活动中逐渐学会观察、思考与表达,从最初的模仿走向自主的创造;也见证了教师在创美教育实践中不断探索、创新,重视过程中引发沉浸式的感性体验,赋予个体发展现实意义。

三、走向整全生命个体发展

促进人的整全发展是创美教育活动的根本遵循。从对照国家的教育方针、现实存在问题以及人的发展要求来看,以整全发展为着眼点,促进幼儿的自主性、创造性、审美感受的丰富性,以及人的精神血脉及生命精神的弘扬,对幼儿个性发展的培养、健全人格的塑造、综合素养的提升都有着重要的意义。金悦幼儿园以基于"现实"的人为起点,重塑学校美育的育人功能;突破园内外场域边界,实现全域覆盖的审美浸润;加强审美交流,构建师幼共生的创美教育活动;面向现实生活世界,促进幼儿的全面发展。

全面实施学校美育浸润行动就是要构建全方位、全过程、全员参与的美育工作机制,通过培养幼儿的审美感知、艺术表现、创意实践等核心素养,激发想象力和创造力,为国家的科技创新、文化创新提供源源不断的人才支持。本研究是创美教育活动的生动缩影,记录了一个个独特的活动瞬间,幼儿还原生活经验、表达对美的感知、寄托情感与愿望以及抒发想象。过程中沉浸式的体验、多元的材料、开放的表达场域都为幼儿创造思维的发展提供了支持。不断激发幼儿的审美知觉、情感体验和想象,并有意识地将艺术与科技相结合,鼓励幼儿参与各种创意实践,使创美教育活动发展幼儿创造力的独特作用得到充分发挥,重拾与幼儿共同感知美的乐趣。这种内蕴审美与创造之间的一致性在幼儿身上得到了完美的结合,人人都是生活艺术家,以无限创意雕琢多彩世界。

四、辐射引领区域未来发展

学校美育难以真正有效实施的难点在于:美育价值的窄化与割裂,侧重技能练习、忽视幼儿的审美感知、教师缺乏美育素养、未充分挖掘与利用各类文化资源等。现代化的美育建设需要在继承和弘扬优秀的美育精神下,以新的时代需求为出发点,去寻求更为现实有效的育人路径。金悦幼儿园在实践探索中,关注当下现实个体生活,以幼儿的审美体验、感悟为基础,建构知、情、意、行相统一的活动目标,建构由内而外不断扩展的活动内容体系,建构从局部到整体的活动资源开发体系,让创美教育在更多的场域中得以生动开展,既助推了幼儿全面发展、健康成长的现实需要,也是推动幼儿园高质量发展的内在要求。

金悦幼儿园全面贯彻党的教育方针,立足于新时代育人方式的变革,充分认识"以美育人"的时代价值,以全面培养幼儿核心素养为目标,整体改革与创新性重构幼儿美术活动,寻找有效实践路径。在这场创新性重构中,学校迈出了坚实的步伐,在创美教育领域形成了丰硕的研究与实践成果,收获的不仅是行为的改变与教育质量效能的提升,更是学校教育思想境界的升华与教育智慧情怀的涌流。为区域内其他园所乃至上海、全国幼教工作者推进教育高质量发展提供了思想启示与实践借鉴。

愿每一名幼儿在未来的人生道路上,都能怀揣这份对创美的热爱与收获,以创新的思维、敏锐的美感去发现生活中的美好,去塑造属于自己的精彩世界。愿这创美之光,永远照亮幼儿的心灵深处,伴随他们茁壮成长,绽放出更加绚烂的生命之花。

郑瑛

上海市金山区教育工作党委书记

2025年1月

引　言

美育是培根铸魂的事业,是塑造心灵的艺术。党的十八大以来,国家高度重视美育工作,明确提出"以美育人、以美化人、以美培元"的战略目标。《关于全面加强和改进新时代学校美育工作的意见》更是强调,美育应贯穿于教育的各个阶段,成为培养德智体美劳全面发展的社会主义建设者和接班人的重要抓手。

在这一时代背景下,幼儿园美育作为学校美育的起点,承载着"扣好人生第一粒扣子"的重要使命。然而,当前幼儿园创美实践中仍存在诸多问题:重技能轻体验,重结果轻过程,重形式轻内涵⋯⋯如何让美育真正回归教育的本质?如何通过创美活动,培养幼儿的审美感知力、艺术表现力与创造力?如何拓展实践育人的空间和阵地,推动价值引领、实践体验、环境营造,促进幼儿健康成长与全面发展?这些问题,既是国家教育强国建设的本质要求与实践路径,也是擘画幼儿园教育高质量发展的核心命题。

《创美行远——幼儿园创美教育活动的蝶变之路》一书,正是基于这样的思考,以"创美教育"为核心,立足于国家美育政策的顶层设计,结合幼儿园教育的实际需求,系统探索了创美教育活动的理论与实践路径。

本研究成果共分为六章,从理论到实践,从宏观到微观,全方位、多角度地呈现了幼儿园创美教育活动的蝶变之路:

第一章主要阐述了幼儿园创美教育活动的发展历程、价值演变及未来走向。梳理了其从萌芽到成熟,从单一到多元的演变轨迹,阐述了其多年的探索创新过程中发生的"五大价值演变",并在此基础上探析了创美教育活动的未来发展路径和内涵价值拓展,勾勒了幼儿园创美教育活动的发展图景。

第二章主要深入剖析了幼儿园创美教育活动的理论根基,以创造教育理论、美育教育理论、多元智能理论为核心框架,结合幼儿发展规律与教育实践需求为创美教育活动的开展提供坚实的理论支撑。三大理论并非孤立存在,而是在创美教育活动中形成有机联动:创造教育理论赋予幼儿"破界"的勇气,美育教育理论积淀了"审美"的底蕴,多元智能理论提供了"适配"的策略,推动幼儿园创美教育活动从"形式化活动"向"生态化育人"的深层转型。

第三章主要阐述了幼儿园创美教育活动的多元属性,内容包含了创美教育活动的文化属性、育人属性与园本属性。创美教育活动并非单一维度的美术实践,而是承载着多重教育使命的复合载体,它是文化传承与创新的桥梁,培养幼儿的文化认同与全球视野;它指向幼儿情感、认知、社会性、创造性等核心素养的协同发展;它需与幼儿园的办园理念、地域资源、幼儿生活深度融合。

第四章主要阐述了幼儿园创美教育活动的整体设计与实施。首先,结合相关政策法规、幼儿年龄特点、幼儿发展现状,明确了创美教育活动的发展总目标、不同年龄段幼儿"乐美、享美、创美"的阶段发展目标。其次,通过与幼儿的互动、幼儿的亲身体验及融合在地文化资源呈现了"田野创美活动、自然创美活动、公益创美活动、亲子创美活动"四大板块的活动内容。据此提炼出了创美教育活动的实施原则、实施路径及实施策略,为一线教师提供切实可行的操作指南。除此之外,确立了幼儿园创美教育活动评价指标体系的基本框架与内容设计,实现了对创美教育活动的评价、对幼儿发展的评价及对教师活动实施的评价。最后,从量的方面分析幼儿在"乐美、享美、创美"方面提升的情况,对实践组和对照组幼儿进行了研究前中后的比较,用数据的比较分析说明幼儿在"乐美、享美、创美"方面都得到了提升;再从质的方面进一步证明创美教育活动促进了幼儿、教师及园所的共同发展。

第五章主要探讨了如何通过创设富有美感、激发创造力的空间环境,为创美教育活动提供有力支持。空间是创美教育活动的重要载体,本章节运用照片全方位展现了幼儿园公共空间、专用活动室及班级空间的创设,充分说明幼儿园将美育融入每一处细节,让幼儿在可看、可触、可感的环境中,自然而然地与美相遇、与美对话、与美共生。

第六章主要聚焦于实践,深入探索了幼儿园创美教育活动在家庭、游戏、运动、生活中的实践路径,突出了创美教育活动的广泛性与渗透性。创美教育应回归幼儿生活的本质,挖掘亲子互动的创美契机,聚焦运动过程中的创造精神与运动之美,借助游戏鼓励幼儿大胆自由地表达对美的理解与创造,结合具体实例阐述其对幼儿全面发展的深远意义。

美育是时代的呼唤,更是教育的使命。在国家美育政策的引领下,幼儿园创美教育正迎来前所未有的发展机遇。本研究成果,既是对国家美育战略的积极响应,也是对幼儿园创美教育实践的系统总结与创新探索。

我们坚信,当创美教育真正扎根于幼儿园的土壤,当美的种子播撒进每一名幼儿的心田,教育的未来将更加充满希望与可能。愿每一位教育者都能以美为媒,以创为径,在幼儿心中播下美的种子,让这些种子在未来的某一天,成长为参天大树,绽放出绚丽的花朵,为中华民族伟大复兴注入源源不断的美育力量。

陆美英

2025 年 1 月

目　　录

第一章 幼儿园创美教育活动的迭代演变

幼儿园创美教育活动发展历程映射着社会对审美教育的认知深化与实践转型，本章节回溯幼儿园创美教育活动的发展轨迹，梳理不同阶段美术活动的价值取向，解构其背后的教育哲学转向，最终立足当下教育变革需求，阐明创美教育活动的前行方向，拓展内涵价值，全方位呵护每名幼儿的创美天赋，助力多元、深度发展。

幼儿园创美教育活动是以园所特点为平台，以幼儿发展为轴心，以美育特色教育为支点，全方位、多角度地建立以创美教育活动为主线，循序渐进地架构与呈现适合不同年龄阶段幼儿创美教育活动内容。以多种教育形式为核心，整合其他领域教育目标，发展幼儿观察、想象、创造等多种能力，萌发幼儿的审美情趣，具有一定逻辑关系和价值关系的教育活动总和。

第一节　幼儿园创美教育活动的历史沿革

为了让每名幼儿都能拥有金色的美好童年,促进幼儿的终身发展,上海市金山区金悦幼儿园二十余年满载着高质量幼儿园建设的梦想,走出了一条负重奋进之路,一条教育综改的探索之路,一条迈向可持续发展的实践创新之路。二十余载荏苒岁月,岁月悠悠,一代代金悦人,为了"乐享创美 金悦童年"的活动理念,在金幼这片凝聚爱意、放飞希望的土地上,心中藏爱、科学保教、静心育人,为每名幼儿一生幸福奠基。

2008年作为幼儿园发展道路上具有历史性里程碑意义的一年,正式开启了幼儿园美术教育的研究,并从此踏上了不断深化特色之路。当美术教育确定为研究方向和办园特色之后,幼儿园集专家、教师和家长的智慧,不断探索并培养幼儿创美兴趣、能力和习惯,制定符合幼儿发展需求的创美教育目标、内容与评价等。回顾幼儿园美术活动的发展演变过程,主要经历了四个时期。

一、萌芽期:幼儿园混龄美术区域活动的实践与研究(2008—2013)

"幼儿园混龄美术区域活动的实践与研究"是幼儿园于2008年立项的金山区教育科学"十一五"规划课题,并于2013年结题。幼儿园混龄美术区域活动是指教师创设各种幼儿园区域环境,利用丰富多元的操作材料,以自主选择为基本活动,以活动区为空间结构将3～6岁不同年龄段幼儿组合在一起开展的美术活动。通过研究混龄美术区域活动中环境创设、内容安排、材料投放、有效指导与评价,总结提炼出了混龄美术区域活动的规律,激发幼儿美术兴趣和多元素表达表现的能力,促进幼儿社会性的发展。该阶段主要的研究成果:

（一）互通式的混龄美术区域活动空间

幼儿园创设一个空间通透、格局宽敞、灵活可变、适合不同年龄段幼儿活动的环境，是开展混龄美术区域活动的先决条件之一。幼儿园根据整体的环境状况，考虑园区全体幼儿活动的便捷性，将整个空间重新进行规划，让空间不单单局限于"一区一柜一桌"模式，而是互通、开放，扩大了幼儿群体交往的范围，尊重了幼儿自由选择伙伴的权利，使幼儿在相对宽松的混龄美术区域活动中，引发更多社会性交往。

（二）主题式的混龄美术区域活动内容

混龄美术区域活动内容的选择是幼儿开启创意思维的重要途径。因此，幼儿园基于"混龄"的特点，结合不同的美术表现形式和主题设计选择活动内容，如玩色区、手工区、绘画区、陶艺区等，并结合季节特征等开展不同主题的混龄美术活动，促进不同年龄段的幼儿积极有效地在主题内容中用不同的表现方式发挥创意，避免活动内容的单一性。

（三）菜单式的混龄美术区域活动材料

幼儿园在每个混龄美术活动区域提供了丰富的活动材料，激发幼儿合作的灵感和操作的欲望，为混龄互动创设条件。一是关注兴趣，提供多样性的材料，满足幼儿自由选择材料的需要。二是关注差异，提供多层次的材料。不同年龄的幼儿可根据自身需要，选择不同材料进行探索。三是关注发展，提供半成品材料。促进幼儿自主生成新的主题和内容，引发幼儿以物代物、一物多用，提高材料的使用价值。

（四）多样化的混龄美术活动指导策略

在幼儿园混龄美术区域活动中，教师主要根据幼儿的经验水平和个别化差异，采用个性化的指导策略，宽容与尊重幼儿，激发学习兴趣。观察与倾听幼儿，寻找指导契机。关注幼儿个体差异，做到因材施教。为幼儿有的放矢、个性化地指导学习和创作，让幼儿在探索和操作中发现美、欣赏美、表现美，并发挥幼儿的自主性和主动性，引导幼儿进行大胆探索。

二、起步期：幼儿体验式写生活动的实践研究（2014—2016）

"幼儿体验式写生活动的实践研究"是幼儿园于2014年立项的金山区重

点课题。幼儿体验式写生活动是以体验为载体,关注幼儿活动中的种种体验,幼儿通过各种感官对写生对象进行全面的感受、了解、认识,并将之表现出来的过程。在体验生活、体验自然、体验社会中,充分发挥幼儿的主体性,激发幼儿的多种潜能,让幼儿感悟到体验和表征的快乐,为幼儿的可持续发展奠基。该阶段主要的研究成果:

（一）构建系统化的活动框架

根据《3～6岁儿童学习与发展指南》中艺术领域的目标和幼儿的年龄特点,建构幼儿体验式写生活动的总目标和年龄阶段目标,满足不同幼儿的发展需求。依据幼儿生活经验、主题教育、亲近自然、大师作品的对话中开发和拓展写生内容,丰富了幼儿美术教育的内容。在内容的选择中,充分考虑幼儿的年龄特点、学习特点、行为能力等因素,小班多安排在室内,中大班则多安排在户外,从而满足不同阶段幼儿的最近发展区。

（二）形成丰富性的活动设置

体验式写生活动的实践研究以"理论—实践—评估—改进"为思路展开,力求通过系统的研究方法、研究内容、研究评估和原因分析等,优化幼儿园活动设置,拓展幼儿美术教育的形式和内容,为幼儿园美术教育提供可复制可借鉴的经验。

（三）采用多元化的教学方法

幼儿体验式写生活动中,教师采取多层次的情境创设、多形式的引导探究、多样化的体验感受、激励式的评价分享等策略,关注幼儿的兴趣经验和情感需求,注重师幼间的互动,在互动评价中予以激励等多元化教学策略、方式方法来实现既定目标。

三、发展期：基于儿童体验的阶梯式幼儿美术活动研究（2017—2020）

"基于儿童体验的阶梯式幼儿美术活动研究"是幼儿园于2017年立项的金山区区级重点课题,并于2020年结题。在对幼儿园美术活动现状研究的基础上,构建一套操作性较强的基于儿童体验的阶梯式幼儿美术活动,对活动理念、目标、内容、组织实施及评价做一定探索,并在3～6岁不同年龄阶段的幼儿中实施,以验证活动的适宜性与有效性,从而提升幼儿园活动建设的水平。该课题的情报综述获2017年上海市中小学幼儿园教师教育情报综述评选一等奖。该阶段探索与提炼了基于儿童体验的阶梯式幼儿美术活动实施的经验,并于2021年出版研究专著《金童幻彩 悦享乐画——基于体验的阶梯式幼儿美术课程研究》。该课题的研究成果获上海市第七届学校教育科研成果三等奖。该阶段主要的研究成果:

(一)确立了以"乐享、悦画"为取向的活动目标

目标制定以《3～6岁儿童学习与发展指南》等政策法规为导引,以幼儿身心发展特征为基点,尊重幼儿美术认知经验的最近发展区,借助形式多样的活动形式,引导幼儿享受美术创作的乐趣,在分享与交流中帮助幼儿形成良好的行为与习惯、人格与品性。阶梯式幼儿美术活动目标分为总目标和小、中、大班各年龄阶段目标,并从感受与欣赏、表达与表现两个维度出发制定。

(二)构建了以"阶梯、多元"为特征的活动内容

以不同年龄阶段幼儿的美术心理水平为依据,搭建层级式的美术活动内容,使活动内容呈螺旋上升态势。阶梯式幼儿美术活动内容的来源包括结合学习教材开发阶梯式美术活动、利用周围资源开发阶梯式美术活动、借助大师对话开发阶梯式美术活动,并进行了小、中、大班阶梯式幼儿美术活动内容的具体编排,循序渐进地架构与呈现"绘声绘色(绘画)""心灵手巧(手工)""赏心悦目(欣赏)""金山特色"等活动内容。

(三)凸显了以"活动、体验"为特点的活动实施

实施的路径与方法有两种,即专门性途径和渗透性途径。其中专门性途径包括集体性美术活动和个别化学习活动中的区域性美术活动,是阶梯式幼儿美术活动实施的主要途径。渗透性途径包括参观、远足及亲子活动等,是阶梯式幼儿美术活动实施的补充途径,两者相辅相成服务于活动的实施。

(四)实施了以"诊断、发展"为导向的活动评价

评价对象主要针对阶梯式幼儿美术活动的评价、对幼儿发展的评价及对教师发展的评价,并制定了具体评价指标内容。评价方式与方法主要包括诊断性评价、发展性评价和期望式评价。通过评价及时发现建构与实施过程中的问题,寻求解决策略与方法,使阶梯式幼儿美术活动方案趋于完善,不断提

高活动实施质量。

在此过程中，幼儿园也加入了市级课题"区域化田野活动的架构与实践"，以"基于儿童体验的阶梯式幼儿美术活动"中"绘声绘色"为切入点，以田野写生为主要活动形式，参与子项目"田野之美"的研究，基于"田野"的幼儿写生活动对"完整儿童"的培养效果明显，促使教师成为"研究者"，进一步助推了幼儿园特色的深化，并于2019年4月出版研究成果《印象自然 乐享悦画——区域化幼儿园田野活动课程的架构与实践研究》。

四、深化期：向美而行——基于体验的阶梯式幼儿创美活动重构与循证研究（2021—2024）

"向美而行——基于体验的阶梯式幼儿创美活动重构与循证研究"是幼儿园于2021年立项的课题，并于2024年结题。为更深入挖掘"体验"在阶梯式幼儿美术活动中的渗透，让特色活动进一步优化与发展，幼儿园在上一轮区级重点项目的基础上，以新一轮龙头课题为抓手，在对基于儿童体验的阶梯式幼儿园创美教育活动现状调查的基础上，聚焦当下育人目标，重视幼儿的个性化需求，迈向创美教育。从活动的理念、思路、目标、内容、实施与评价六个方面重构活动逻辑架构，建立基于证据的思考与行动模式，并在3～6岁不同年龄阶段的幼儿中实施、调整和改进，探寻基于体验的阶梯式幼儿创美活动实施的多种举措，从而实现基于儿童体验的阶梯式幼儿美术活动向幼儿园"创美"活动的迭代更新。该阶段的主要成果：

（一）基于儿童，以体验式的价值导向重构目标

创美教育活动是一种极富想象力的创造性活动，以美术、欣赏为内容和载体的幼儿园创美活动，遵循在不同年龄段幼儿的审美及创美特点的基础上开发活动内容。在实施过程中，不能单单局限于原定的活动目标，既有的活动方案也并非一成不变的，它需要依据幼儿的成长规律、兴趣需要，以及教育理念的更迭、时代发展的需求持续优化与革新。当视角转向幼儿，幼儿的逻辑、幼儿的需要、幼儿的审美、幼儿的发展便成为幼儿园活动建设的核心因素。一个基于儿童立场、邀请儿童共同参与、经过精心设计的活动，会由内而外地表现出对儿童的尊重、信任和接纳。创美教育活动强调以幼儿体验为载

体,关注幼儿活动中的种种体验,在体验生活、体验自然、体验社会中,充分发挥幼儿的主体性,激发幼儿的多种潜能,让幼儿感悟到体验和表征的快乐,为幼儿的可持续发展奠基,形成幼儿园的园所特色。

（二）基于联结,以开放式的多维资源重构途径

联结时间与空间,拓展与联结各类教育资源,让教育的张力前所未有地得以延展,整合人力资源,拓展活动资源,让活动不断找到新的增长点。在重构创美教育活动的过程中,将幼儿、教师、家长、社区以及其他关注教育的个体都参与到教育发展中来,合作形成活动创新的共同体和教育发展的共同体。开放、民主、共享、共建的理念为基于体验的阶梯式幼儿创美活动注入活力,帮助活动动态生长。将家长、社区资源纳入活动中,联结幼儿的生活场、游戏场,实现创美教育与幼儿生活、游戏的无缝衔接。活动面向的不仅是幼儿,更是教师在活动中的收获和成长,也要同时面向家长及其他群体,如家长进课堂、亲子活动、社区远足活动、早教活动等,以此来丰富"创美"教育活动。

（三）基于效率,以结构化的活动设计为重构保障

结构化的活动设计必须锚定幼儿在不同成长阶段的现有发展水平、认知特点与审美发展需要,依此明确活动目标。教师要站在幼儿的立场围绕目标进行活动设计,以幼儿的眼光看待素材的呈现方式,并在活动中提供支撑幼儿创造表现的"脚手架",引发幼儿主动投入、大胆表达、挥洒创意。记录幼儿的表现过程,及时收集反馈,不断调整和完善活动结构。基于活动目标开展活动,更注重幼儿的体验过程和情感体验等。

（四）基于反思,以有意义的创美活动为重构结果

以幼儿自发生成的为主,是幼儿通过自己的方式对周围事物进行感受、欣赏、表现、创造,创美活动为幼儿自我的表达与表现打开了一条路径,鼓励和倡导个体发挥想象力与创造力,尝试用艺术的形态表达、表现,而表达表现的内容与形式不以形似为衡量标准,重视过程,关注个体的内在感受,注重把作品以外的东西充分地表达出来,表达自己对一切真善美的理解。

（五）基于循证,以可持续的循环体系为重构生态

证据作为可证明的事实依据,对完善幼儿园创美活动具有重要的意义。它引导幼儿园在活动实践过程中有意识、有计划地收集、挖掘相关证据,有助

于发现幼儿园活动实施方案存在的真实问题,切近本质,有针对性地探寻化解问题的路径,对幼儿园活动有着全局性引领和实践指导作用。针对已有基于儿童体验的阶梯式幼儿美术活动实施过程中的真实性问题,通过循证实践有针对性地解决问题是研究的必要手段。在前一轮的阶梯式幼儿美术活动实践中,通过访谈和评价,教师发现活动理念不能都落地,部分活动内容不能够调动幼儿的积极性,且教师在过程中的随意性太高。这也引导我们去分析问题背后的原因,并提出相应的改进措施来完善活动方案和活动的实践。

随着课改的推进与发展,金悦幼儿园一直致力于实践研究,从美术到创美,经过了十几年的探索和积淀,形成了丰富的实践经验,在不断的传承与发展中,优化幼儿园的特色活动,让幼儿快乐地享受与分享创美活动带来的乐趣,促进幼儿体、智、德、美等各方面和谐发展。从特色项目提出到特色活动的建构,金悦幼儿园的创美特色已逐渐凸显,现已成为幼儿园的特色品牌。

第二节 幼儿园创美教育活动的价值演变

幼儿园创美教育活动价值因循社会的发展和活动的内在规律,呈现出不同时期的价值演变特点,并逐步从模糊到清晰从而走向多元化。在追寻价值发生的过程中,幼儿园创美教育活动本质、活动主体的需要及美育发展要求等因素共同发挥作用,推动了幼儿园"美术"活动向"创美"活动的价值发生、发展、变化。反思传统美术教育模式的种种弊端,在实践中寻求更科学合理的幼儿美术教育的方式方法。幼儿园创美教育价值观发生了明显的转变,在对幼儿园创美教育活动多年的探索创新过程中,主要发生了"五大价值演变"。

一、从"重技能轻情感"向"轻技能重情感"的价值演变

尊重儿童、以儿童为本的教育理念成为学前教育改革的指导思想,对以往"成人中心、教材中心、知识技能中心"的教育观产生了巨大冲击。当前学前教育中,普遍存在不重视美术教育,开设活动走过场的情况,美术教育中重

技能轻审美,在教学方法或者模式上,往往只是让幼儿"照猫画虎"对着样画进行临摹,没有创造性,更没有审美教育可言,这种对幼儿进行美育的方式,既不符合幼儿身心发展规律,更不符合教育的目的及要求,不能产生更为积极的情感迁移,不利于幼儿的身心成长。[1]幼儿园摒弃传统的美术教育观念和模式,变"范例—示范—临摹"为"观察—引导—创作",从关注技能技巧获得,向关注幼儿在创美教育活动过程中的情感体验和态度倾向演变;从关注美术模仿和训练,向关注幼儿艺术想象和艺术创造能力的培养演变;从单调枯燥的机械化美术教育方式,向关注幼儿对创美教育活动兴趣的培养、幼儿在创美教育活动中的深入发展和学习探索演变。

当今的审美教育仍以知识灌输化的教育模式为主,强调审美教育的辅德与益智功能,使之沦为仅仅是一种手段性教育,而完全忽略了儿童审美经验的获得与审美能力的发展。[2]原来"重技能轻情感"的价值取向,不利于启蒙幼儿美学意识,更不利于促进美术能力与美术素养的优化和提升。而现在的"轻技能重情感"的价值取向,更加注重审美素养的培育,重视幼儿个体的心灵建设,关注个体存在价值与个体的内在情感,关注活动内容与个人的学习和实际生活的联系,引导幼儿以审美的态度对待自然、社会、他人,强调对个人生命成长与心灵建设的重要意义,给幼儿保留足够的思维想象空间以及探索空间,助力幼儿摆脱思维局限,在创美教育活动中发挥想象力,以此养成优质审美习惯和审美能力。

二、从"重结果轻过程"向"轻结果重过程"的价值演变

幼儿园创美教育不再为追求结果的"完美"而对幼儿进行千篇一律的训练,从而扼杀其想象与创造的萌芽。创美教育活动旨在于借助美育的力量塑造儿童的审美观念,陶冶幼儿心灵,激发幼儿创造美的能力,为后续美育的学习奠定基石。[3]传统美术活动"重结果轻过程",教师只关注幼儿最终完成的

---

1 许丽慧.浅析学前教育中幼儿美术教育的教学策略[J].百科论坛电子杂志,2020,000(007):1114-1115.
2 孔起英.体验:儿童审美发展之必需[J].学前教育研究,2010,(10):23-28.
3 李欢.幼儿美术教育活动中的创造力培养[J].天津教育,2024,(32):135-137.

作品,过于重视作品的美学效果,忽略了幼儿根据相关生活经验、生活背景和个人艺术感受进行创作的过程,也忽略了在美术活动中对幼儿观察能力、创新能力和空间感知能力的培养和发展,对幼儿在活动中的亮点缺少发掘,错失了有效指导的最佳时机,进而导致出现了"重结果轻过程"的教育问题。而"重过程轻结果"强调教师要为幼儿提供充足的机会促使其自主发展,并在幼儿有需要时给予及时而恰当的知识和技能支持,让教师有在幼儿创作过程中给予关键的及时、适时评价的意识,对幼儿体验活动时的情绪、创造性给予充分关注,从而洞悉幼儿创美教育活动与幼儿的发展,关注幼儿在活动中的深切体验与感受。

三、从"成人标准评价"向"幼儿视角解读"的价值演变

幼儿正处于以他人评价为主向自我评价发展的过渡时期,渴望获得他人的尊重、信任、认可,同时也希望通过自我反思、自我重塑以改进自我。[1]活动中,大部分教师依然倾向于以成人的审美标准评价幼儿的作品,忽略了其中蕴含的独特的创造力。这种做法不仅难以帮助幼儿形成积极的自我认知,还可能削弱他们自主创作的信心与热情。《3～6岁儿童学习与发展指南》的颁布无疑对幼儿美术活动的认识再一次产生质的颠覆,不再以成人的审美标准去评判幼儿,而是了解并倾听幼儿艺术表现的想法或感受,领会并尊重幼儿的创作意愿,不简单用"像不像""好不好"等成人标准来评价。注重幼儿在创美过程中的探索、知识迁移、情感态度和创新能力等,这与幼儿的核心素养紧密相连。在发展性评价观念的渗透下,评价重心已经发生转移,评价中强调以幼儿为基准,让幼儿在评价中发声,从幼儿视角对作品进行解读,为幼儿提供丰富而又真实的感知机会,并在此基础上鼓励自由表达与合理评价,才能真正实现从范例复制到自由表达的转变。教师更重视幼儿内心世界,彰显幼儿的主体地位;更注重幼儿的兴趣和情感表达,赞赏幼儿独特的想象,肯定幼儿的表现,挖掘幼儿创作中的闪光点和进步痕迹;更注重幼儿的个体化差

1　孙雪.幼儿园美术教学活动中幼儿创造力的培养研究[J].知识文库,2024,40(11):168-171.

异,多给予幼儿适宜性、赞赏性、肯定性、激励性和个别性的评价。要善于发现幼儿的闪光点,让幼儿对创美教育活动产生浓厚兴趣,敢于自信地表现自己,在轻松愉悦的氛围中获得想象力和创造力的发展,真正做到基于幼儿个性特点开展个别化评价。

四、从"强加干预指导"向"按需个性指导"的价值演变

在幼儿自主表达创作过程中,教师不再做过多干预或把自己的意愿强加给幼儿,而是在幼儿需要时再给予个性化的启发指导。一是尊重幼儿个性进行引导。幼儿本身就具有独特的个性,他们有着不同的兴趣爱好、知识经验,美术活动的体验和动手能力都不相同,在创美教育活动中构建幼儿个性化思维的时候,个性的开发与环境和教育有着密切关系,所以创美教育活动中要培养幼儿创造力就需要遵循个性化原则,让幼儿的个性化特征得到体现。不同的幼儿都具备不同特性,每个个体都是组成自我发展的基本要素,不同点在于个体的特质,因此在创美教育活动中要注重幼儿的个性,注重幼儿个体的不同思维及表达,正确地引导幼儿去表现自己独特的思维方式。二是尊重幼儿年龄特点进行启发指导。在创美活动中,教师按照不同幼儿的个性特点和兴趣爱好进行针对性的启发引导,更好地对幼儿创造力进行培养。

五、从"特定能力培养"向"完整儿童培养"的价值演变

在创美教育活动中,教师要克服特定领域、特定能力的单一问题,改变直线式教学方式,避免"美育"独大的局面,逐渐向"五育融合"演变,以"美育"为关键突破口,尽可能从多领域、多角度挖掘创美教育活动多元化的教育价值,让创美教育活动呈现融合、贯通、渗透的特点,帮助幼儿积累经验。以"完整儿童"培养目标为指引,激发幼儿在创美教育活动中的身心潜能,促进多元智能的发展。幼儿的发展是整体的,创美教育活动也应该是整合的。每一个创美教育活动都可以蕴含不同领域的发展价值,也可以从多领域解读幼儿行为表现,最大限度引导幼儿在活动中通过直接感知、亲身体验、实际操作获得最大化的学习与发展。所以创美教育要改变过去对技法和美术知识的过分关注,转向对"人"的关注,通过促进"人"的个性发展,达到全面发展的目标。

幼儿园创美教育要实现幼儿真正对美的感受与欣赏、表达与创造,就需要从价值观层面真正地站在儿童的立场上,尊重幼儿感知、理解、表达和创造的独特方式,激发幼儿在创美教育活动中自主的表达。幼儿园创美教育活动价值观演变的过程,也伴随着教师教育观、活动观、儿童观的转变以及教师的活动实施能力的提升。

第三节 幼儿园创美教育活动的未来走向

幼儿园创美教育活动的实践与探索是我园美术教育不断发展与深化的产物。关注幼儿美的涵养,陶冶幼儿的德行,顺应幼儿天性,让幼儿心情活泼优美,彰显了创美教育活动的儿童取向。学前教育综合改革是推动幼儿园创美教育活动更加合理和快速发展的重要力量,决定着其未来的发展走向。过去的已成为历史,现在正在前行中整合,那么,幼儿园创美教育活动的未来走向会怎样呢?纵观幼儿园美术活动和教学的发展历程,再结合当前幼儿园的发展实际,幼儿园创美教育活动未来可能有以下几个发展走向:

一、文化自信视角下的幼儿园创美教育活动发展路径探析

埃里克森指出,儿童早期是文化认同形成的关键期,通过文化符号的感知与体验,幼儿逐步建立对民族文化的归属感。坚定文化自信不仅可以为国家和民族发展提供精神力量,也可以为创美教育发展提供推动力。注重对于幼儿"亲爱、勇敢、团结、合作、互助"等民族精神的培育,体现出了创美教育活动之于社会的价值。积极探索文化自信视角下幼儿园创美教育活动的创新发展路径,更好发挥文化传承重要载体的作用。

(一)完善幼儿园创美教育活动体系

文化自信视角下完善创美教育活动体系是推动美术教育更好发展的关键,可以在活动内容、教学方法和评价机制等方面进行优化。活动内容应注重传统文化与创美教育活动的有机结合,通过引入国画、剪纸等传统艺术,增强幼儿对本土文化的认知和认同。同时,创美教育活动内容设置应体现创新

精神,鼓励幼儿进行创造性表达。创美教育活动组织可以转向更多元化、互动式的方式,通过实践、考察等形式,培养幼儿的动手能力和艺术感知力。评价机制则应更加注重过程性评价与多维度评价,通过多元化的评价标准,全面衡量幼儿的综合素质。通过这些措施,逐步建立起一个既有传统文化又有现代艺术的创美教育活动体系。

(二)促进幼儿园创美教育活动"两创"

文化自信视角下幼儿园创美教育活动需要进一步推动中华优秀传统文化的创造性转化、创新性发展,这也是提高创美教育活动质量的重要途径,是培养幼儿艺术实践能力的关键。创美教育活动应鼓励幼儿在继承传统艺术精髓的基础上,进行大胆的艺术探索。同时幼儿园可以将现代科技和新媒体元素融入其中,拓展艺术表现形式和内容,有效融入非遗文化,不仅可以丰富创美教育活动形式,让幼儿对色彩、线条、构图、细小动作形成深刻体验的同时,还可以让幼儿形成良好的文化自信。通过开展创新性的创美教育活动,激发幼儿的创造力和想象力。这种双创模式不仅能够提升幼儿的综合素质,还能促进创美教育与儿童需求、社会需求紧密结合,从而推动创美教育活动在文化自信视角下不断发展壮大。

(三)整合幼儿园创美教育活动资源

班克斯提出多元文化教育框架,主张通过文化资源的整合,培养幼儿的跨文化理解力与创造力。文化自信视角下的创美教育活动应积极整合本土文化资源,推动跨领域活动模式的形成。本土文化资源的整合包括本土特色和地域文化,不仅有自然景观、文物古迹、历史故事、民间艺术等多种形式的地域资源,还涉及美术馆、博物馆、画廊、科技企业、文化创意产业和非物质文化遗产保护机构等。通过与这些机构、企业等的合作,创美教育活动可以获得丰富的教学资源和实践平台,拓展幼儿的学习渠道和视野。跨领域创美教育活动模式的推动,需要将创美教育活动与其他领域相结合,如语言、社会、科学、健康等,通过跨领域项目,培养幼儿的综合素质和创新能力,如可以通过"艺术与科学"项目,将数字技术引入艺术创作,激发幼儿的创新思维;通过"艺术与社会"项目,让幼儿在艺术创作中了解历史文化,增强文化自信。这种跨领域创美教育活动模式不仅能够丰富创美教育活动的内容和形式,还能培养幼儿的跨领域思维和综合能力,为幼儿未来的发展提供更多可能性。

文化自信视角下的幼儿园创美教育活动不仅能将传统文化与现代艺术有机结合,培养幼儿的综合素质和文化认同感,还能更好发挥文化传承重要载体的作用,也能成为坚定文化自信的重要力量。未来,幼儿园创美教育活动应坚定文化自信,探索多元化的发展路径,为实现中华民族伟大复兴贡献智慧与力量。

二、美学渗透视域下的幼儿园创美教育活动内涵价值拓展

幼儿园创美教育活动,其内涵远不止于美术领域。将创美教育活动融入幼儿园的建构游戏即可以感受造型之美,融入文学欣赏便可以感受雅致之美,还可以融入幼儿日常生活的各个板块,这不仅是对幼儿艺术潜能的挖掘,更是对其德、智、体、美、劳全面发展的有力推动,从而开辟出更为广阔的创美路径与视野,进一步丰富其内涵与价值。在幼儿园教育中,通过创美教育活动实现五育融合,为幼儿的童年添上一抹亮丽的风景。

(一)建构游戏中的美学探索

建构活动也是创美教育活动中不可或缺的一环。在积木的堆砌、模型的拼接中,幼儿不仅是在构建物体,更是在创造美的空间与形态。他们通过精心地设计与布局,展现出对美的独特理解与追求。这种在建构中体现的美,不仅拓宽了创美教育的路径,也使其内涵更加丰富多元。

在"梦幻城堡"主题建构活动中,鼓励幼儿根据自己的想象,利用不同形状、颜色的积木构建心中的城堡。在搭建过程中,教师适时介入,引导幼儿思考:"城堡的塔尖怎样设计才能更坚挺?""用哪种颜色的积木做城墙会更显庄重?"这些问题不仅激发幼儿的创造力,也让他们在实践中学习色彩搭配和比例协调的美学原则。

此外,建构游戏的结束并不意味着美学探索的终止。教师可以组织幼儿围绕自己的作品进行分享,鼓励他们用语言描述自己的设计理念、色彩选择背后的故事,以及在建构过程中遇到的挑战与解决方案。这样的环节不仅锻炼幼儿的语言表达能力,也让他们学会欣赏他人的作品,培养团队合作和相互尊重的品质。

（二）文学欣赏中的美学熏陶

文学，是心灵的灯塔，也是美学的宝库。在幼儿园创美教育活动中，通过文学欣赏活动，幼儿能够接触到丰富多彩的语言艺术，领略到文字所描绘的奇妙景象，感受情感与意境的交融之美，更进一步，通过创编与改编文学作品，幼儿可以发挥自己的想象力，将个人的理解与创意融入其中，从而创造出属于自己的文学之美，从而在心灵深处种下美的种子。

教师可以选择适合幼儿年龄特点的文学作品，如童话、儿歌、散文诗等，通过生动的讲述、角色扮演或配乐朗诵等形式，让幼儿沉浸在美的氛围中。在《小蝌蚪找妈妈》的故事里，幼儿不仅能感受到母爱的伟大，还能通过教师生动的描述，想象出春天池塘边生机勃勃的景象，从而领略自然之美。

文学欣赏之后，教师还可以组织幼儿进行创意绘画或手工制作，让他们以自己的方式表达对文学作品的理解和感受。比如听完《丑小鸭》的故事后，幼儿可以用彩笔画出自己心中的白天鹅，或是用黏土塑造出故事中的角色。这样的活动不仅锻炼幼儿的动手能力和想象力，也会让他们在实践中体会艺术创作的乐趣和成就感。

（三）日常生活中的美学渗透

创美教育活动不应仅限于特定的活动中，还应渗透到幼儿园的日常生活中，成为幼儿生活的一部分。教师可以利用幼儿园的环境创设、节日庆典、日常活动等契机，引导幼儿发现美、创造美。

比如在春天来临时，教师可以带领幼儿走出教室，观察园里的花草树木，感受大自然的色彩与形态之美。回来后，幼儿可以用画笔记录下自己的所见所感，或是用废旧物品制作春天的装饰品，装点教室。这样的活动不仅让幼儿亲近自然，也培养了他们的环保意识和审美情趣。在节日庆典中，教师也可以鼓励幼儿参与节日装饰的制作和布置，如制作手工贺卡、绘制节日主题画等。这些活动不仅增添了节日的氛围，也让幼儿在参与中体验到了劳动的乐趣和创造的喜悦。

创美教育活动在幼儿园教育中的融入，是对幼儿全面发展的一次深刻探索。通过建构游戏中的美学探索、文学欣赏中的美学熏陶以及日常生活中的美学渗透，幼儿不仅欣赏美、创造美，更在这个过程中得到德、智、体、美、劳各方面的均衡发展。创美教育活动如同一把钥匙，打开了幼儿通往美好世界的大门，让他们在快乐中成长，在成长中感受美的力量。未来，随着教育理念的不断进步和教育实践的持续深化，我们有理由相信，创美教育活动将在幼儿园教育中绽放出更加璀璨的光芒。

幼儿园创美教育活动是在其发展过程中得以不断完善的。创美教育活动的实践是幼儿园办园特色发展的基石，教育综合改革又会推动和指导创美教育活动的优化设置，使其向更加合理的方向发展，它们互为补充，交相辉映，在各自的发展史上是相互依存、交替行进的。在未来，随着外界因素的不断变化，幼儿园创美教育活动也定会以更加丰富的交替上升的形式向前发展！

第二章 幼儿园创美教育活动的理论基础

本章节论述了幼儿园创美教育活动的理论基础,以习近平美育思想观点为行动指南,阐述创造教育理论、美育教育理论及多元智能理论的内涵,以期为幼儿园创美教育活动所持有的理念、目标、内容、实施和评价等提供方法论与实践导向。

　　教育理论作为教育活动的思想基石与行动导向,为幼儿园创美教育活动实践提供了方向指引,拓宽了创美教育活动研究的视野和思路。基于对现有理论的反思和挑战,紧密关联创美教育活动,剖析现状,着眼于幼儿的自主性、创造性、智能的多元性、审美感受的丰富性等,构建和实施系统的创美教育活动。

第一节 创造教育理论及对幼儿园
创美教育活动的启示

一、创造教育理论的核心观点

（一）创造是每个儿童的天性，坚信他们的潜能是无限的

马克思主义的"人的全面发展理论"为创造教育提供了理论基础，这一理论强调社会应实施全面教育，同时保障每个人个性化发展的权利，这是迈向自我解放的重要步骤。杜卫认为，创造力发展的关键期在童年。陶行知倡导的创造教育也同样认为儿童时代是创造力发展最自主、最迅速的阶段，过滤并运用环境的影响，以培养加强发挥儿童的创造力。教育能解放儿童创造力以从事于创造之工作，其目的是造就创造型的人才，培养儿童的创新能力。[1] 创造不仅是思考、批判的过程，也是实践、探索的过程；不仅是动脑的过程，也是动手的过程。所以，他把解放儿童的创造力，培养创造人才，视为教育的基本任务，造就"创造型人才"视为教育的总目标。因此，创造教育仍强调知识是创造的基础及教师在教学中的主导作用，其特点是鼓励儿童主动参与学习过程，发挥主观能动性，进行自主探索和创造，启发儿童的创造性思维。

（二）创造性学习必须调动儿童的积极性和主动性

陶行知在《创造的儿童教育》一文中说："小孩子有力量，不但有力量，而且有创造力，我们要钻进小孩子队伍里才能有这个新认识与新发现。"号召人

---

1 易慧清.学习陶行知"生活教育"理论深化当前教育改革[J].现代中小学教育，1991，（05）：35-39.

们要相信儿童的创造力,并给予其充分发展的空间。[1]要解放幼儿的创造力,就要改变成人的思想观念与态度:让儿童不仅是未来的主人,"儿童是现在的小主人""把学习的基本自由还给儿童""解放儿童的头脑,使他们可以想。解放儿童的嘴巴,使他们可以玩,可以干。解放儿童的时间,使他们的生命不会被稻草塞满。解放儿童的空间,使他们的歌声可以在宇宙中飘荡。"不要再用"整齐划一"的标准去要求那些千姿百态的儿童,不要再用成人的眼光去要求那些天真而幼稚的孩子。

陶行知以"创造的教育"为主题进行演讲时强调"行是知之始,知是行之成"。因此,行动是创造的第一步,创造性的发挥离不开宽松、平等的环境。在实施创造教育时,个性发展是关键,它有助于挖掘和提升个人的创造力,促进人的全面发展。

二、创造教育理论对创美教育活动的启示

陶行知的创造教育思想为创美教育活动提供了重要的理论支持和实践导向。自由是幼儿创造的必要前提,人的创造性思维、创新性思维是需要自由的氛围。创美教育活动应遵循六大解放思想,解放幼儿的头脑、双手、眼睛、嘴巴、空间和时间,为他们提供自由探索和创造的机会。因此,创美教育活动目标的构建,应尊重每名幼儿的个性差异,贴近幼儿的生活,提供多样化的艺术体验和创作机会,去解放幼儿,激发幼儿的创造潜能,让幼儿成为"探索者",关注幼儿在活动中的表现、思考和成长,培养幼儿的审美能力,发展幼儿的想象力和创造力,为他们的全面发展奠定坚实基础。

(一)对创美教育活动理念的启示

从2008年起,我园将美术教育作为办园特色,从初步探索到深入研究,从片面理解到全面认识,逐步形成了以构建创美教育活动为切入点,探索培养幼儿乐美、享美、创美的研究,在实践中诠释创美教育活动的真谛。

---

1 申慧宁.陶行知创造教育思想:产生背景、主要内涵、现实启示[J].生活教育,2023,
  (04):4-8.

1. 树立正确的观念,相信幼儿是天生的创造者

树立正确的教育观念是开展创美教育活动的前提,作为教师和家长,树立正确的观念,充分相信并尊重幼儿的创造力,是推动他们全面发展的关键。教师和家长应充分意识到创造力的价值,承认创造力的培养对幼儿成长与发展的促进作用,从而能够为幼儿自主探索、主动思考问题提供广阔的空间。[1]有意识地规避环境中不利于幼儿创造力发展的因素,有目的地创设相关情境,避免过度指导或干预,而是以观察者、支持者的角色激发幼儿学习和探索的好奇心与积极性,倾听与欣赏幼儿的创作过程,为幼儿的创造力发展创造良好的条件。

2. 坚持知行合一,引导幼儿在行动中求知

创美教育的重心在于创造,而其起点则是行动。创美教育活动强调幼儿和教师是活动的主体与创造者,借鉴陶行知先生创造教育理论,培养幼儿手脑并用的习惯要从娃娃抓起,手和脑一块儿干是创造教育的开始,手脑双全是创造教育的目的。创美教育活动强调了"做"的重要性,要善于认识到幼儿的创造力,解放幼儿的创造力,培养幼儿的创造力。在创美教育活动中,教师应当注重为幼儿创造更多动手实践以及思考的契机,灵活运用启发式教学方法,如情境创设法、问题驱动法和多元评价法等;精心构建各类问题情境,并以此为核心开展丰富多样的实践活动,引导幼儿在学习过程中主动思考、积极探索,让他们带着问题去学习,进而提升手脑并用解决问题的能力。这种内蕴审美与创造之间的一致性可以在幼儿身上得到良好的融合。只有在兴趣的驱动下、在实践活动中幼儿才能学会创造,只有通过创造活动才能培养幼儿的创造能力,这对我们今天倡导的全面实施素质教育有着重要启示。

3. 以生活为教育,重视经验的情境性与诠释性

创美教育活动是实践性与知识性学习相协调的活动,强调以幼儿的生活经验和兴趣为基础,重视幼儿经验生长的情境性、文化性以及动态的建构性。创造教育理论的具体应用,便是强调教师应为幼儿营造舒适、轻松的实践环

---

1 申慧宁.陶行知创造教育思想:产生背景、主要内涵、现实启示[J].生活教育,2023,(04):4-8.

境,创设和选择与幼儿审美心理有机结合的场景和氛围,如故事情境、艺术情境、游戏情境、生活情境等,将经验寓于幼儿真实的生活情境中,激发他们对活动的兴趣,使其乐于参与其中,并引导幼儿观察生活。通过各种体验让幼儿释放天性、自由创造并形成经验,在经验中习得相应的能力。既要重视间接经验的获得,更要创设理论联系实际的空间,联系幼儿当下和未来的生活设置或模拟真实性的情景,以整合性的活动形式帮助幼儿积累经验,只有将经验与现实生活相联系,并在现实生活中运用,幼儿才能真正体会其价值所在。

（二）对创美教育活动目标的启示

创美教育活动始终坚持以"幼儿发展优先"为核心理念,立足于当下创美教育活动实践的现状,明晰亟待解决的问题,关注创美教育活动的多元性与建构性,强调幼儿不是知识的被动接受者,而是意义的积极创建者,实现幼儿真正对美的感受与欣赏、表达与创造,不断追求教育质量的提升和内涵式发展。

创造教育理论启迪幼儿园创美教育活动的目标构建:

1. 激发创造潜能,培养创造性思维。创造教育理论强调挖掘个体的创造潜力,创美教育活动目标应致力于为幼儿提供丰富材料与自由创作空间,鼓励尝试新方法,激发幼儿内在的艺术创造潜能。

2. 塑造审美情感与审美情趣。创美教育应引导幼儿学会欣赏美、发现美,提升他们的审美感知能力,使他们能够感受到生活中的美好和艺术的魅力。

3. 强调实践过程与体验学习。创造教育理论注重实践过程,创美教育活动应鼓励幼儿在实践中探索、尝试和创新,通过亲身实践来感受创作的乐趣和成就感,重视幼儿在创作过程中的体验和感受,从而更加深入地理解和领悟艺术的真谛。

4. 促进幼儿全面发展。通过创美教育活动,提升幼儿的综合素质,为幼儿的发展奠定坚实的基础。

综上所述,创造教育理论为创美教育的目标构建了全面的启示和指导,有助于更好地开展创美教育活动,培养幼儿的创造力、创新思维和审美能力。

（三）对创美教育活动实施的启示

创美教育活动主张幼儿积极主动地参与、情感饱满地体验、自主大胆地探究,如此要求教师给幼儿提供参与感知的机会、具身体验的权利和探究创新的载体;提倡丰富资源的选择与实践,需要优良环境的熏陶与融情,需要良好平台的提供与支持;需要审美文化的浸润与滋养,需要多彩实践的激发与昭领,需要研修活动的锻炼与互启,需要合理目标的引领与引导,需要激励性评价的观照与推动。

1. 营造宽松平等的氛围,建立平等的师幼关系

创造力的充分发挥,离不开宽松、平等的环境。因此,教师应秉持尊重理念,珍视幼儿的人格尊严,接纳并欣赏他们独一无二的个性,坚信每名幼儿都蕴藏着无限的发展潜能。立足幼儿年龄特点,积极营造充满创意与美感的环境,给予幼儿自主活动的时间和空间,构建平等互爱的师幼关系,鼓励他们大胆尝试、勇于探索生活与艺术的美,引导幼儿在实践中表达对艺术的理解,分享美的感受。创美教育活动不局限于教室里,而存在于广袤而深刻的社会生活之中,幼儿活动的周围可以装点幼儿动手制作的作品,有幼儿自己制作的,也有和家长们一同亲子制作的,每一份材料、每一件摆设、每一个区域都带着幼儿温度,蕴藏着幼儿的生命力,给予幼儿无限的探索与学习空间,萌发幼儿的创造兴趣。由此产生的平等和谐的师幼关系,才使创美教育活动成为可能。

同时,要学会留白,只有留白才有可能为创造留下空间。教师要充分认识到幼儿的主体地位,鼓励教师在和幼儿的共同生活中,努力生成活动内容,做到"看得见儿童",让创美教育活动"活"起来,积极引导幼儿自主学习、自主探究、主动合作交流,使他们有足够的时间和空间深入到活动中去,有助于幼儿个性化地发展。

2. 构建源于生活的内容,鼓励幼儿创造表达

幼儿的学习是生活化、经验化的学习,创美教育活动应紧密关联幼儿的日常生活、真实世界以及幼儿自身。着重引导幼儿学会生活,热爱生活,珍惜生活中一切美好的事物,同时让幼儿了解自己,能在愉悦的氛围中进行创造与自我表现,实现自身价值。内容的选择一定要基于幼儿的生活经验、兴趣、发展需要,也要基于教师对活动的价值判断和对幼儿审美经验发展的期待。也可以是对生活中美的形式的发现,是主题活动中的内容,感兴趣的美术形式符号,喜欢的操作材料,生活中的新话题等。[1]生活化材料具有灵活性、实用性、多样性、自然性的教育特征,将其应用于创美教育活动,能为幼儿提供丰富的创作素材与创意灵感。教师应加强对生活化材料的开发,借助生活化材料发展幼儿的创造力、想象力及审美能力。[2]引入低结构、生活化的材料,幼儿可以自由地探索和尝试不同的使用方式,实现"一物多用"。在这个过程中,幼儿不仅能创造出新的表现形式,更重要的是,他们能够在探索和创造中发展出独特的思维和表达方式,有效促进幼儿的发散性思维,超越了单纯的艺术创作,更侧重于培养幼儿的创造力、解决问题的能力和独立思考的能力。因此,教师应积极开发和运用这类材料,为幼儿提供更多自由创造的空间和机会,让他们在探索和表达中不断成长。

3. 强调体验式的探究,激发幼儿创新思维

创造教育的本质是创造,引领幼儿体验丰富的活动是幼儿主动获得经验和促进创造思维的主要条件。站在幼儿视角,寻找有价值有意义的探究内容,注重调动幼儿的各种感官进行体验感受,架构起幼儿与自然、社会、物质、文化联结的桥梁。可以让幼儿走近名画,体验名画带给人们不一样的体验,感受到画家们不同的情感,在潜移默化中,激发幼儿乐意使用不同材料、不同形式去表达自己的感受。跟随节气去寻找素材了解习俗,在体验真实生活过程中去积累高于生活的间接经验,让幼儿感受到不同时期不同生活的独特与美好。体验式的活动形式既能调动幼儿自身的感知、想象、理解、情感等各种心理能力进行充分体验,又能满足幼儿的个性表达,激发创造思维。

基于幼儿的真实生活体验设计活动内容,具有持续和迁移性,更加注重幼儿的参与性、主体性以及活动的趣味性,从而主动参与、主动感知、主动体会,让幼儿成为活动主体,理解生活、掌握技能、激发出审美想象,让幼儿大胆创其所爱、创其所想。

创美教育活动中丰富的语言引导、多样化的体验形式、自由的表现平台,

---

1 阮东方.基于幼儿审美经验建构的美术教育模式初探[J].华夏教师,2023,(03):82-84.

2 廖素贞.生活化材料在幼儿园美术教学活动中的应用策略探究[J].名师在线,2025,11(04):86-88.

都为幼儿的创造思维的萌芽与生长提供了良好的环境。创美教育活动不仅是激发幼儿创造力的摇篮,让他们的奇思妙想得以落地生根,更是提升幼儿审美素养的阶梯,帮助他们在美的世界拾级而上。

第二节 美育教育理论及对幼儿园 创美教育活动的启示

一、美育教育理论的核心观点

美育,又称审美教育或美感教育,旨在培养人的审美意识、情感、能力和素养,是全面教育体系中不可或缺的一部分。孔子提出了"志于道,据于德,依于仁,游于艺"和"兴于诗,立于礼,成于乐"的教育主张。"游于艺"是指学习乐器、音律和才艺,"成于乐"是指用音乐来完善人的性情的陶冶,[1]"兴于诗"是指通过学诗来振奋人的精神,艺教、乐教、诗教都是美育的范畴。

席勒以其独特的视角和深邃的洞察力,提出审美教育是实现人性完整与和谐的有效途径。可以通过美育来培养全面发展的人,完美的人,理想化的人,利用美育克服人性弱点。

马克思指出,审美是全面发展的人的生活需求中不可缺少的社会活动,它在实现人的全面发展中具有重要的作用。从根本上讲,人类劳动是美的本源,美感是实践的产物。[2]将美融入实践,强调重视历史和社会生活对人的美感教育作用。

蔡元培倡导以美育代宗教,一个完整强健人格的养成,并不源于知识的灌输,而在于感情的陶冶。这种陶冶就在于美育,塑造完整而全面的人,赋予

---

1 李幸怡.非遗文化融入高校公共艺术课程的美育教学探索——以西藏大学"藏族民间舞——热巴舞"为例[J].西藏教育,2024,(03):53-56.
2 曹雪.马克思美育思想指导下高校艺术教育探讨[J].艺术与设计(理论),2022,2(12):141-143.

美育启蒙与教化的社会功能,也正是美育的宗旨。[1]

杜威则认为,美育是感性教育、人格教育和创造教育的有机统一。

20世纪后期,艾斯纳提出审美智力,主张美育应超越艺术技能训练,关注儿童的感知、想象与批判性思维。

在现代中国,蔡元培、王国维、梁启超等人在康德和席勒的思想基础上,完善了美育思想,充分发挥美育的育人功能,应当整合一切可利用的美育资源,使个体从生活中得到美的熏陶,丰富了美育的实施体系,为中国美育思想的发展奠定了基础。

二、国家关于美育的重要论述

美育对于社会建设的作用无疑是十分重要的,国家也充分意识到这一问题,将美育工作提高到了国策层面,2020年10月由中共中央办公厅、国务院办公厅印发《关于全面加强和改进新时代学校美育工作的意见》,提出"弘扬中华美育精神,以美育人、以美化人、以美培元,把美育纳入各级各类学校人才培养全过程,贯穿学校教育各学段,培养德智体美劳全面发展的社会主义建设者和接班人"。

2023年5月教育部发布《教育部关于全面实施学校美育浸润行动的通知》,需要注重以美育浸润学生,以美育浸润教师,以美育浸润学校,以浸润作为美育工作的目标和路径,将美育融入教育教学活动各环节,深化美育教学改革,发挥艺术活动在学校美育中的主渠道作用,强化教学与实践的有机统一,强化学校美育的育人功能。实施美育成为国家意志,美育作为一种独特的人格教育伴随着儒学传统延续至今,美育教育的核心在于培养幼儿的审美意识,增强他们对美的感受和鉴赏能力,从而提高他们的整体素质。美育教育的意义在于,它可以帮助幼儿树立正确的价值观和审美观,培养他们的情操和品格,通过美育教育,幼儿可以更好地认识自我,发现生活中的美,从而提高自己的生活品质。

---

1 吴雪钦.以生活为基点塑美育之心灵[J].美术教育研究,2019,(04):68-69.

三、美育教育理论对幼儿园创美教育活动的启示

从人学立场而言,美育应是"关心人的生存和发展、尊重个性发展、促进个体的情感解放与精神自由"的教育。[1]然而,幼儿园美育工作与当前教育改革发展的要求不相适应,与满足广大幼儿对优质丰富美育资源的期盼还不相适应,这表明新时代的美育教育仍有很大提升空间。习近平美育思想观点为幼儿园创美教育活动提供了行动指南,幼儿园教师承担着育人的重要职责,更应将美育置于重要位置,切实弥补美育这一短板和不足。应用马克思主义对人的本质界定作为创美教育活动的理论起点,同时坚持党对美育工作的全面领导,在活动中涵养正确的世界观、人生观、价值观。

(一)对创美教育活动目标的启示

1. 创美教育活动聚焦于现实中的个体

创美教育活动以面向现实的人为核心,以人的真实需求与成长轨迹为基石,关注人的全面发展,从而激发幼儿对美的感知、追求与创造。美育的根本出发点,是在生活点滴中引导人发现美、理解美,以美塑造灵魂,提升生命品质。创美教育活动不是知识的传授,而是对整体性生命的培养。通过贴近生活的教育实践,注重沉浸式的感性体验,并以美的法则丰富对现实世界的理解,赋予生命以现实意义。创美教育活动的目标正是在审美活动中激发个体的创造性和超越自我的能力,培养面向现实生活的具有审美素养和创造力的人。

2. 创美教育活动有助于实现人的本质

立德树人是教育的根本任务。创美教育活动的立德树人机制不同于德育,它不以抽象知识和道德说理为手段,不靠逻辑性来教化人,而是通过具体生动的形象,唤起幼儿的感知觉、情感、想象和理解,让他们在情理交融的审美体验和创造中实现情感的丰富和精神的提升,最终促使幼儿找到生命的价值和意义,增强对生活的热爱和追求。在创美教育活动中,幼儿通过自由表

1　徐晟.走向整全审美生命:当代学校美育的人学探寻[J].中国人民大学教育学刊,2024,(03):133-143.

达和探索,逐渐发现自己的兴趣、能力和个性特点,这种自我认知是还原真实自我的基础。创美教育活动鼓励幼儿大胆尝试和创新,帮助他们突破思维定式,释放内在的创造力。通过不断的创作和表达,幼儿逐渐形成对自我的认同感和自信心。创美教育活动为幼儿提供了一个纯净的创作空间,让他们能够回归到最自然、最本真的状态。因而,在创美教育活动中幼儿通过经典艺术作品鉴赏,能够了解人类文化的多样性和丰富性;参与传统文化活动理解人类文明的精髓;接触不同国家和民族的艺术形式,拓宽幼儿的国际视野,培养文化包容性;通过观察社会生活中的场景和人物行为,体察社会生活情态;通过小组合作形式,学习如何与他人沟通,理解他人需求,最终构建起具有现实性的社会审美关系。

3. 创美教育活动的本质是彰显人的主体性

创美教育活动中幼儿的主体性是其与自然的物质改造关系和人与人的社会交往关系。第一,创美教育活动作为美育的重要载体,主要通过幼儿周围环境和生活中美好的事物、大自然的多姿风貌,以及音乐、美术、文学等艺术美的熏陶,使幼儿在欣赏和创造美的活动中,建立一定的美的观念,对美的形态、结构具有敏锐的感受、欣赏和识别能力、丰富的想象力,以及一定的理解美、表现美的能力。创美教育活动既不仅限于单纯的艺术技能教育、审美鉴赏教育,也不限于单纯的心理训导或人格成长教育,而是立足中国悠久灿烂的思想文化传统,使其在对现实世界审美化的改造过程中满足自身需求和目标,最终使人的本质力量全面地、自由地在创造过程中显现。而幼儿的主动性亦在这一系列活动中得以自然而然地彰显与发挥。

第二,创美教育活动中,幼儿的主体性同样体现在互动与交流中。一方面,教师与幼儿共同作为艺术作品的鉴赏者,通过主动感知作品的意义,体验创作者的意识意图,领会其在创作过程中的感知与思维方式,从而构建对作品的内在解读。另一方面,体现在教师与幼儿之间、幼儿与幼儿之间,在活动中所展现的审美交流关系。幼儿能够与他人共同参与到审美体验中,从而构建起一种将感官、情感与精神融为一体的审美联结。这种联结不仅促进了幼儿与他者的深度交融,还使其的内在潜能得到充分释放与实现。

（二）对创美教育活动实施的启示

1. 营造丰富多元的美育氛围，丰富幼儿的审美体验

创美教育活动应遵循美的规律与法则来整合教育资源，重视环境中融入自然元素和艺术氛围，为幼儿创设一个富有美感的学习空间。与幼儿对话，从幼儿的需要出发，逐步建构美的动态环境，运用班级的三维空间布局和展示幼儿的美术创作，唤起幼儿美的情感体验、美的想象，引导幼儿在美感愉悦与精神自由的氛围中积极展示人的生命活力与创造性。当幼儿投身环境创造时，是他们在用独特的语言诉说着对周围世界的理解与感受。通过对事物的仔细观察、触摸、研究，让幼儿的感知体验与事物的本源相联结，让幼儿的感官兴趣与自发兴趣、自主探索相融通，充分发挥想象力和创造力，将内心的想法和感受表达出来，这个过程贯穿于审美情感体验过程本身。

2. 开展自主探究的创美教育活动，激发幼儿的创新思维

创美教育活动以艺术创作和欣赏为核心，这有助于幼儿从不同角度观察和思考问题，培养创造性思维和审美能力。美育理论中提倡帮助幼儿全面感知现实美与艺术美的能力，使其掌握正确理解与欣赏现实美和艺术美的知识与技能，同时激发并发展幼儿创造现实美与艺术美的兴趣与才能，这些目标为创美教育活动的开展提供了明确的指引与方向。利用自然元素激发创意，通过季节变化感知不一样的美，鼓励幼儿利用废旧物品创作艺术品，结合游戏和故事启发幼儿，以小组形式进行文学欣赏、美术创作等[1]，给予幼儿充足的时间和空间表达自己的审美感受，鼓励幼儿大胆地表达自己创作的感受。在幼儿探索、观察过程中，幼儿会突发奇想，重视每名幼儿个性表现与艺术创作，给予肯定和鼓励。教师应当充分尊重幼儿的独特性，允许他们在创作时采用多样化的方法，欣然接纳各种不同的创作成果。珍视活动进程中的每一个教育时机，从多元视角给予肯定与鼓励，以此激发幼儿内心深处的创造力，让他们更有勇气和热情投身于创作之中。

3. 优化活动过程的持续评价，培育幼儿的完整人格

创美教育活动是触发幼儿原发性思维，让他们回溯生活经验，表达对美

1　黄玲.生活化材料在幼儿园美术活动中的投放策略[J].教育界,2024,(35):107-109.

的独特感知,寄托内心的情感与愿望,尽情抒发天马行空的想象。在这一过程中,不过分执着于对幼儿发展评价的结果。关注幼儿连续性的活动过程,贯穿于创美教育活动过程的始终。评价时要重视幼儿的探索与创造过程,重视幼儿在创作过程中克服困难、大胆表现的勇气,给予每名幼儿被承认的快乐,既能进一步激发幼儿的创造热情与创造表达并使之保持长盛不衰,最终达到促进幼儿发展的目的。只有依托于日常活动的真实情境,创美教育活动才是切实的、生动的,才是属于幼儿并旨在促进幼儿更长远的发展。

（三）对创美教育活动内容的启示

美育教育理论的价值与意蕴是创美教育活动持续优化的条件与依据。加强学校美育作为近年来着力突破的美术活动变革动力,更需要通过实践探索,开发合乎幼儿的年龄特征,合乎学校的文化特性的活动内容。

1. 寻脉中华传统文化,根植文化自信

文化的回归与传承是创美教育活动路径的终点,也是另一个起点。创美教育活动不仅是幼儿表达自我、发挥创造力的平台,更是传承和弘扬优秀传统文化的重要途径。中华民族有着自己独特的文化、独特的生活方式,创美教育活动可以融入民族文化,引导幼儿感受诗学,感受中秋的月亮,感受春节的鞭炮……还可以结合当地自然景观、文物古迹等物质文化,以社区为半径,挖掘近郊的教育资源,让幼儿了解生活的这片土地,接受地域文化的熏陶,对本地的习俗和文化耳濡目染,将优秀的民俗民族文化作为活动资源,让幼儿在潜移默化中继承和弘扬。最重要的是在传承文化的过程中,创造文化,发展文化。

中华民族文化源远流长,蕴藏着取之不尽的艺术教育素材。深入挖掘这些传统文化,等于为创美教育活动打开了一座资源宝库,让教育内容更加充实多元。在日常教育中,持续渗透这些文化元素,让幼儿在潜移默化中对祖国的热爱之情油然而生,逐步塑造出珍视传统文化、传承民族精神的文化品格。教师与幼儿不仅是文化的亲身体验者,悠然享受着文化带来的滋养,更是文化的积极创造者,以各自独特的视角与方式为文化的发展注入全新活力。

2. 回归幼儿完整生活,发展创造美的能力

幼儿的表达源于日常生活的各种经验和感受,创美教育活动的内容不能仅局限于园内的活动,还要来源于落脚于生活体验中,与幼儿的经验和生活

全面联结。尊重幼儿不同的年龄特点与生活方式,满足幼儿的兴趣和需要是创美教育活动生发的重要来源,能让幼儿有多种不同的经历和体验,真正认识生活、认识世界。幼儿感兴趣的内容存在于生活的方方面面,艺术、自然、生活都能成为实践的沃土,通过引导幼儿在完整的生活经历中体验,能让他们对生活经验的认知从模糊走向清晰,从平淡变得热烈。当审美带来的愉悦与享受充盈他们的内心时,原有的生活经验便循序渐进地升华并转化为一种独特的审美情趣。生活性可以给予创美教育活动更多的启发和更好的延伸效果,又能反过来帮助幼儿理解和体验生活。

幼儿园创美教育活动只有关切并归复于生活,才可能是完整的、全面的、和谐的。了解幼儿的现实经验与生活经验,把握幼儿的生活规律和特点,满足幼儿的生活需要和情趣,既从幼儿的生活中来,又要回到幼儿的生活中去。

3. 融合各类主题活动,培育"完整"儿童

作为培养个体全面发展的美育,它的基本任务是通过审美、创美的实践活动,提高对美的感受、理解、想象和创造能力,促进其自身健康发展从而造就具有丰富个性、完美人格的新人。因此,创美教育活动不能与日常活动脱节,一日生活才是开展幼儿美育的最大实践场域,教师要充分挖掘一日生活中的各种契机,可以将创美教育活动与主题、与各类节日有机融合,融于一日生活,以传统节日、幼儿园美术节活动为契机,以情景化、游戏化的活动形式,激发幼儿的兴趣,帮助幼儿积累不同的经验。要发掘自然与社会内在的审美因素,揭示不同领域内含的审美价值,要注意方法的更新与变革。还可以为幼儿选择符合幼儿特定的生活经验、欲望与情趣的艺术作品,通过亲身体验、感受自然环境和艺术作品中的情感表现表达自己的情感。创美教育活动正是这种实现人的全面发展,实现人的认知、知觉、情感和想象完整发展的教育。

作为立德树人的重要载体,创美教育活动必须牢牢坚守"以美育人"的定位,将"以美育德"和"以美化人"融入美育全过程。着眼于促进幼儿的审美发展,激发生命活力,提升情感境界,培养创造力,丰富幼儿的精神文化生活,形成向上向善的良好道德品质,最终以塑造健全人格为目标全面提升自身的综合素质。

第三节 多元智能理论及对幼儿园
创美教育活动的启示

一、多元智能理论的核心观点

（一）多元智能理论的主要内容

多元智能理论是由哈佛大学发展心理学家霍华德·加德纳提出的，其核心观点是：人的智能不是单一的，而是由多种相对独立的智能构成。这一理论挑战了传统的评价幼儿能力的观念，成为我国基础教育阶段活动改革的重要指导思想，得到了广泛传播。

加德纳认为智能由八种相对独立的智能组成，每个人在出生时都被赋予了或多或少的智能，这些智能在个体身上呈现出不同的特点和发展水平，通过引导和培养，可以促使幼儿在各个智能领域得到全面发展。

表2-3-1　多元智能理论内容

智能种类	特　　征
言语语言智能	指人对语言的掌握和灵活运用的能力，表现为用词语思考，用语言和词语的多种不同方式来表达复杂意义
数理逻辑智能	指人对逻辑结果关系的理解推理思维表达能力，突出特征为用逻辑方法解决问题，有对数字和抽象模式的理解力，认识解决问题的应用推理
视觉空间智能	指人对色彩、形状空间位置的正确感受和表达能力，突出特征为对视觉世界有准确的感知，产生思维图像，有三维空间的思维能力，能辨别感知空间物体之间的联系
音乐韵律智能	指人的感受、辨别、记忆、表达音乐的能力，突出特征为对环境中的非言语声音，包括韵律和曲调、节奏、音高、音质的敏感
身体运动智能	指人的身体的协调、平衡能力和运动的力量、速度、灵活性等，突出特征为利用身体交流和解决问题，熟练地进行物体操作以及需要良好动作技能的活动

（续表）

智能种类	特　　征
人际沟通智能	指对他人的表情、说话、手势动作的敏感程度以及对此做出有效反应的能力,表现为个人能觉察体验他人的情绪情感并做出适当的反应
自我认识智能	指个体认识、洞察和反省自身的能力,突出特征为对自己的感觉和情绪敏感,了解自己的优缺点,用自己的知识来引导决策,设定目标
自然观察智能	指的是观察自然的各种形态对物体进行辨认和分类,能够洞察自然或人造系统的能力

这些智能在人类认识和改造世界的过程中均发挥着重要作用,这为创美教育活动的智能和学习方式提供了全新的视角,改变了传统的以语言、逻辑和数学智能为主要衡量标准的智力观念,即应当以培养多元智能为重要目标、以培养创新思维和多样化人才为重点。

（二）建立平等积极的学生观

认识到每个学生的智能发展都是不均衡的,都有一种或数种优势智能,重视学生发展的个性化和全面化,尽可能创设适应学生优势智力发展的条件,不必强求学生在所有领域都取得优异的成绩,而是要发现学生的优势智能并促进其发展。

（三）构建多元化的活动观

每个人都有多种智能,应根据学生的智能特点和需求,为学生创设多种多样的,有利于发现、展现和促进多种智能的情景,全方位拓展学生的智能发展空间,能激发学生的潜在智能,充分发展个性。

（四）支持个性化的评价观

评价具有激励、诊断和引导等功能,应当以评价对象的全面发展为目标,以解决实际问题的能力为内容,以情景化、动态化、过程化、多维化、个性化等为原则,构建包括认知、情感、社会、成就和反思等模块的评价体系,促进学生有能力跟上社会的发展,能够实现终身学习。

二、多元智能理论对创美教育活动的启示

多元智能理论给予创美教育活动诸多启示,其中最为重要的是要把握每一种智能内在的核心线索,这是多元智能理论在教育实践中产生成效的关键。教师应该对每名幼儿抱以积极、热切的期望,并乐于从多个角度来观察、评价和接纳,充分尊重每名幼儿的智力特点,着重寻找和发现幼儿身上的闪光点,挖掘幼儿身上的潜能,使创美教育活动真正为幼儿的多元化发展奠定基础。强调运用多元智能对幼儿进行综合评估,这正是对幼儿全面评价所倡导的工作方向:关注培养幼儿作为个体发展的差异性和个体持续发展的不均衡性,多元的评价主体、多元的评价内容更有助于幼儿的发展。

(一)促进幼儿的多元发展

幼儿的发展应该是各个智能领域的全面发展。对幼儿而言,各种智能的发展水平的确存在差异,但没有一种智能是可有可无的,一个健全的个体,应该尽可能发展每一种智能,使每一种智能在原有水平上都得到提高。教师必须充分认识到智力的多样性和广泛性,幼儿的发展是一个持续、渐进的过程,同时也表现出一定的阶段性特征,对幼儿发展水平的观察,是采取进一步指导策略的基本前提之一。因此,创美教育活动应该从每名幼儿的实际出发,不但要关注所有幼儿,而且要关注幼儿个体发展的所有领域,确认每一名幼儿都有被关注的权利。

(二)重视幼儿的差异发展

由于每名幼儿智能的不同组合,也就使得个体的创造力显示出多元化的特征,因此创美教育活动应充分关照幼儿之间的个体差异,确保幼儿最大限度地发挥其智能潜力和创造力潜力。创美教育活动既要遵循幼儿的身心发展规律,也应尊重幼儿的个性及其发展要求。分组式的活动形式对教师观察幼儿的人际、自省、空间、逻辑等智能显得极其重要,教师能很容易关注到每一名幼儿的内心,有利于幼儿积累学习经验和生活经验,积累各种视觉和艺术操作的经验,让幼儿静心观察自然、感受生活、体味人生,促进幼儿多元智能的培养。

幼儿的需要和兴趣是创美教育活动的出发点,在设计活动内容时要权衡

幼儿即时的兴趣及其即时的和长期的需要是十分重要的。在幼儿还未对知识、技能感兴趣之时施以教育那是浪费时间。这样，兴趣便成了儿童学习的一种张力。通过识别和重视不同智能类型，倡导为每名幼儿提供适宜的活动方式，以提高幼儿学习的主动性与体验性。

（三）整合多元化的活动资源

环境和空间是最有价值的隐性资源，幼儿正是在与周围环境和事物的互动中获得美的感受与体验，激发美的想象与创造。创造多元化的情境、丰富的活动内容可以刺激幼儿尝试进行各种体验，积极获取知识。在空间营造和环境创设中，幼儿的声音是必不可少的，应体现儿童视角，是教师和幼儿共同参与的，是动态的、灵动的、开放的。在创美教育活动实施过程中，营造可以引发幼儿多种智能充分发展的活动情境，能促进幼儿以多种途径和渠道参与到创美教育活动之中，充分利用多种感官去感知、去思考、去表达、去想象、去创造，促进多种智能的全面发展。

创美教育活动改变以往单一的实施策略，从幼儿园出发，立足本土资源，利用主题场馆、村社活动，将"园外的资源"引入幼儿园，在真实的场景下，突破活动"边界"，使幼儿和教师共同行走、学习、研究，不断激发幼儿创造潜能，既保障了幼儿的主体地位，又拓展了幼儿的文化"眼界"。

1. 走进场馆

博物馆是历史、文化、艺术、自然的相遇之地。金山富含文化和自然遗产，保留多处马家浜和良渚文化遗迹。为了给予幼儿更多元开放的活动体验，激发创新实践的意愿，可以将金山文化和传统融入日常生活，和幼儿一起找寻金山的文化古迹，了解金山在各时期政治、经济、文化等方面的史迹遗存和风貌变迁。走进古陶馆，在真实了解中国古陶文化内涵的同时，真切感受千年以前那带着强烈泥土气息的"土与火"所构成的别样艺术。通过丰富的活动，了解金山浓厚的历史积淀。

2. 走近社区

为了让幼儿走出幼儿园，构建全时空、全方位、全过程的创美教育活动空间，融合"社区"协同育人资源，增强创美教育活动与社会的融通性和多元化的融合度，搭建真实的社群艺术活动平台。联动社区为幼儿提供富有现实意义的园外活动场景,如新城公园、汇龙湖、金水湖、花开海上等,幼儿和教师一起现场布展,充分唤起幼儿对创美教育活动的兴趣,激发他们的表达力、想象力、创造力,继而增强艺术表现力、审美感知力、文化理解力,使创美教育活动持续焕发生机和活力。

3. 融入家庭

家庭资源是开展创美教育活动的重要支撑,可以利用家中的家具、壁画、玩具以及动植物等资源,引导幼儿进行观察和创作。此外,家长还可以利用网络资源或社交媒体,让幼儿接触到更多元化的艺术作品和艺术家。家长参与幼儿的创美教育活动,有利于在生活体验中激发幼儿的审美兴趣,构建幼儿完整的视觉经验,启迪幼儿的审美创造。创美教育活动本质上是一种生活教育,家长要为幼儿提供丰富的审美活动,创设适宜的活动空间,提供多元化的活动材料,不断丰富幼儿的活动体验。

(四)注重多元协同共评

在传统的教育评价中,教师可能更注重的是谁画的效果更好,以此来对幼儿进行评价。这样片面的评价不仅挫败了一部分幼儿表达表现的自信心,更不利于幼儿的全面发展。多元智能理论主张通过多种渠道、多种形式和多种情境下的评价,强调每名幼儿的智能表现各有强弱,这也要求教师在创美教育活动中多方面、多角度对幼儿进行观察。建立多元化的评价方向,不仅关注幼儿的绘画能力,更要关注幼儿的视觉智能、自然观察智能、身体运动智能、语言智能等,在发现幼儿闪光点时,适当的鼓励、评价表达也能让幼儿了解自身的特点和优势,培养优势能力。

在多元智能理论教育的积极影响下,创美教育活动强调在真实的情境中评价幼儿的发展。从静态到动态:评价幼儿的发展过程。从单维到多维:多元化地评价幼儿的发展。从统一到多样:尊重并评价幼儿发展的差异性。结合目前幼儿园开展的"一对一倾听"可以更加直观地保存幼儿的成长历程,循证幼儿体验的情况,并对后续的活动给予优化与调整。树立多元的评价主体,组织幼儿参与自评与互评,让幼儿去发现自己的优点,发现小伙伴的优点,互相鼓励,邀请父母、社区共同评价,以促进幼儿的发展。

三大理论均为创美教育活动提供了丰富和广阔的视野,追随儿童的创美教育活动不仅要站在儿童的视角,去理解他们的想法,还需要给幼儿真实的表达、真实的创建的机会,帮助他们将美好的想象变成现实。创美教育活动是一个持续不断的审美经验改造的过程,关注幼儿的日常生活,让每名幼儿都能在创美教育活动中自主学习、勇于探索,发挥自己的潜能。善于发现每名幼儿的闪光点,支持幼儿获得完满的经验,让创美教育活动成为融汇审美体验、个性创造、经验完善的综合体验,从而启发幼儿多元智能的发展。

第三章 幼儿园创美教育活动的多元属性

创美教育的多元属性植根于实践中，同时又引领和推动创美教育实践的不断发展。本章节聚焦幼儿园创美教育活动在汲取多元文化元素的基础上，着眼于幼儿发展，不断营造浓厚的文化氛围，丰盈创美教育活动的表现形式，使创美教育活动有内涵、有品质地发展。

　　推动创美教育活动发展的原动力在于其内在的价值和意义，离不开对创美价值的深刻思考。幼儿园创美教育活动蕴含着丰富的多元属性和教育内涵，其对文化发展、幼儿发展、教师发展、园所发展及活动发展都有重大价值。

第一节　幼儿园创美教育活动的文化属性

从文化学角度看,美术是一种精神文化,是属于人类较深层次的文化,能够满足人类不同层次的需要。文化与教育之间又有着相互影响、相互作用的关系:教育的目的、内容、形式甚至制度都受到文化的影响;而教育具有传承文化、融合文化、选择和更新文化的功能。因此,幼儿园创美教育活动是一种文化的传授,是一种文化的传承,也是一种认知客观世界的途径。幼儿园创美教育活动的文化属性是其重要内涵之一。幼儿园创美教育活动以提高幼儿的美术文化素质和促进其全面和谐发展为目的。换言之,幼儿园创美教育活动是一门文化活动,具有一定的文化属性。下面从几个方面探讨创美教育活动文化属性的根源,以期加强创美教育活动的文化传承功能。

一、文化传承与弘扬

(一)融入传统文化元素

我国优秀传统文化博大精深,源远流长,是一个巨大的宝库,其中蕴含着丰富的创美素材,幼儿园创美教育活动的内容选择应当积极从这些优秀的传统文化中汲取营养,寻找提取适合幼儿的创作素材。比如我国的造型艺术体系中的剪纸艺术是一门历史悠久的造型艺术,其起源可以追溯到公元前一千多年,剪纸的材料与作品类型、题材丰富多彩,生活中的花花草草、人物百态、奇珍异兽等都可以作为剪纸的题材,从传统文化宝库中汲取美术创新素材。幼儿园创美教育活动经常融入中国传统文化的元素,如国画、剪纸、泥塑、京剧脸谱等。这些活动不仅让幼儿接触到中华文化的精髓,还培养了他们对传统文化的兴趣和认同感,对幼儿树立文化自信而言是很重要的组成部分,有助于文化的传承与弘扬。

　　《三国演义》是我国古代优秀的文学作品,其中有许多有趣的小故事,富有神奇的色彩,《长坂坡》就是其中之一。教师发现幼儿不仅被书中的故事情节深深吸引,还对京剧脸谱猫的动作、表情和角色性格进行了热烈的讨论。为了满足幼儿的好奇心,设计了一系列低结构、多样化的活动:京剧猫的百变造型、猫的影子在作怪、京剧猫连环画、勇闯长坂坡等。这些活动旨在引导幼儿深入挖掘图画书中的丰富细节,通过自主阅读、小组讨论、艺术创作和角色扮演等多种形式,鼓励幼儿多形式参与,让他们更加直观地体验图画书的世界。在探索中成长,并培养他们对中国传统文化的理解和欣赏。教师以这样智慧的形式不仅让幼儿体验到了团队合作的力量,更是激发幼儿对传统文化的热爱。

　　(二)融入地域文化特色

　　地域文化,作为特定地域内人们在长期生产生活中,依托自然条件而创造出的独具地方特色的文化形态,其地域性相较于民族性而言,展现出更为鲜明的独特性和识别度。学校文化大都源于地域文化,因此在创美教育活动重构与开发中,一定要将地方的文化传统作为一个重要的参考和基础。例如将传统习俗融入创美教育活动中,可以帮助幼儿更好地理解和传承幼儿园的文化传统。上海的地域文化多姿多彩,其中民间美术更是璀璨夺目,种类繁多:从海派文化的博大精深,到江南文化的细腻温婉;从农民画的质朴生动,到黑陶的沉稳厚重;从剪纸的精巧细腻,到泥塑的栩栩如生,再到雕刻的匠心独运、竹编的巧夺天工,以及彩灯的绚丽多彩、蓝印花布的古朴雅致,无一不彰显着上海独特的地域风情。特别是金山地区的民间美术,其造型淳朴自然,色彩鲜艳明快,诸多作品与幼儿的审美习惯不谋而合,为激发幼儿的想象力和创造力提供了丰富的素材。

　　目前颇为风行的"研学"实践形式是基于学习空间资源的实践育人方式,我园致力于研学活动的开发,目前成功开发了8条实践线路,30个实践活动。

　　不仅如此,教师聚力挖掘研学活动的育人价值。在研学流程、内容体系、活动资源

周边资源
1. 廊下农耕资源
2. 吕巷果蔬资源
3. 金山嘴生态资源
4. 山阳田园资源
5. 张堰文教资源
6. 朱泾园林资源
7. 红色教育资源
8. 区域其他资源

图3-1-1　创美活动资源梳理

等方面进行整合优化。

金山嘴渔村是上海的最后一个渔村,有着悠久的历史。我园教师设计了"金山嘴渔村"活动,通过亲子研学活动近距离接触和了解渔民的生活方式,教师与家长紧密合作,共同关注幼儿的学习与发展,共同制订计划和目标,共同为幼儿提供支持和指导。

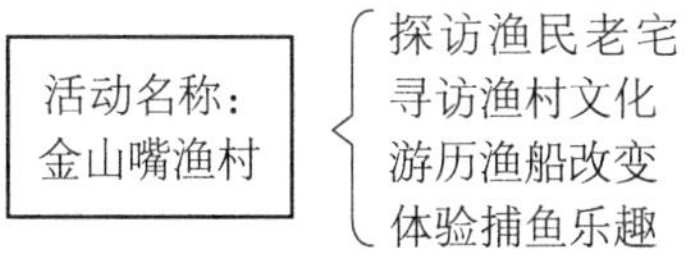

活动名称:
金山嘴渔村 { 探访渔民老宅
寻访渔村文化
游历渔船改变
体验捕鱼乐趣

图3-1-2　金山嘴渔村活动主题

在幼儿园创美教育活动的资源选择上,应紧密围绕幼儿的生活经验,以此为起点,精心挑选那些既能引起幼儿兴趣,又能与他们的生活紧密相连的活动内容。同时,还应注重活动的启蒙性、生活性和趣味性,确保幼儿在参与活动的过程中,既能感受到艺术的魅力,又能增进对家乡文化的了解和认同。通过巧妙融合地方文化特色,开展一系列富有地方风情的创美教育活动。这些活动不仅让幼儿在艺术的熏陶下茁壮成长,更让他们在与家乡文化的亲密接触中,深刻感受到文化的独特魅力,从而增强他们的文化认同感和归属感。这样的教育方式,不仅丰富了幼儿的精神世界,更为他们未来的成长奠定坚实的文化根基。

二、文化体验与表达

体验是创作的基础,是文化表达的前提。美术创作也要贴近现实世界,没有任何一项创作能够脱离这个原则,幼儿园创美教育活动也不例外,通过多维体验来激发幼儿的表达与表现。一是前体验——激发幼儿的美术兴趣,切入创美教育活动主题。教师借助幼儿感兴趣的方式去支持、发展幼儿对世界的感受、认知和表达表现,尊重幼儿发展的需要。二是中体验——关注幼儿的情感需求,巩固创美教育活动内容。基于幼儿的需要与兴趣,充分利用幼儿的已有创美经验,唤起幼儿参与创美教育活动的热情,提升、重组已有的创美经验,幼儿在创美教育活动的"中体验"能满足他们的审美情感需求。三是后体验——注重幼儿的评价解读,提升创美教育活动内涵。鼓励幼儿大胆表达自己的想法,正确解读幼儿的创美作品,理解幼儿独特的创美行为,让幼儿在潜移默化中习得相关经验提升审美情感,尽情享受创美教育活动带来的"后体验"乐趣。四是互体验——创设幼儿的互动机会,挖掘创美教育活动深度,让幼儿在互动中进行个性化的创美体验与表达,在"互体验"中相互交流。

基于日常活动的观察中发现,幼儿喜爱剪纸,将自己的想法展现出来。剪纸艺术是最古老的中国民间艺术之一,它能给人以视觉上透空的感觉和艺术享受。在喜庆的节日里剪纸,既装点环境,又给生活营造了热闹喜庆的氛围。基于幼儿的兴趣及年龄特点,教师从大班幼儿的发展水平与需求梳理剪纸的内涵价值,引导幼儿用剪纸艺术去表现自己在生活中的感受和对生活的美好愿望,同时,也能让中国优秀民间艺术文化的种子在幼儿心中生根发芽。

表3-1-1　中国剪纸的内涵价值

传承什么?	传承民间剪纸艺术中古代劳动人民积极、勇敢、乐观、勤劳、善良的优秀品格以及传统的历史文化,体验民间艺术从善、质朴、造型色彩、和谐等特点
如何传承?	初步了解剪纸历史,掌握剪纸的符号,遵循剪纸艺术的造型规律等,循序渐进、由浅入深、融会贯通
创新内容	剪纸的装饰语言、历史文化与剪纸语言的巧妙融合
怎样创新?	挖掘立体剪纸艺术作品新的文化内涵和剪纸语言

通过梳理,教师将活动内容分为儿童剪纸、吉祥剪纸、生命繁衍、旅游景观等主题,幼儿在主动体验中感受中国剪纸蕴含着生命本体意识,寓意丰富,生活气息浓郁,具有很强的地域民族特色,以有形的形式表达着人们无形的观念和情感。

三、文化建构与塑造

幼儿一生下来就面临着人类创造的文化世界,这个世界的价值已经形成,他在这个世界中学习、生活,逐渐获得对这个世界的认识,吸取生活所需要的一切,而不是重新创造这个世界。从他出生时起,文化就对他进行着潜移默化的影响,塑造着他的精神世界,对他的精神世界进行建构。"建构"不仅是意义之建立、构造、积累和凝聚,更是集义、明义、知义、相蕴、涵合与内化，是自我打开心灵，接受文化世界的价值和意义，是文化世界启迪心扉、春风化雨、润物无声，就像细雨潜入夜一样。这种价值意识建构的突然契合，是通过文化世界和人的心灵心性各自不同的自我组织能力来实现的。文化世界对人的灵明心性的作用，并不是简单的环境刺激；人的灵明心性的作用，并不是简单的生物反应。外部的文化构成了幼儿建构自己认识的前提条件，正是因为有了文化，人才具有与动物不同的心理结构，构成了一个文化人，而不是一个生物人或者自然人，文化塑造着幼儿的精神世界。

　　在创美教育活动的实践中，教师在大班"我是中国人"主题中，开发了"赛马"活动，丰富幼儿对赛马文化的认识：以构建情境支架——赛马音乐会激发幼儿兴趣，构建资源支架——探秘草原文化，构建方法支架——律动仿赛马、乐器探蹄声、马蹄声接力、赛马合音等形式互动探索，构建评价支架——鼓励幼儿通过语言、图画、作品等多种形式传达对赛马的理解和想象。这个活动不仅培养了幼儿的审美能力和创造力，还激发了他们对传统文化的热爱和传承意识。

　　在人类文明的浩瀚星空中，创美犹如一颗璀璨的星辰，它不仅照亮了人类历史的长河，更深刻地反映了不同文化的独特魅力和深厚底蕴。幼儿园创美教育活动作为一种创造性的精神生产活动，其背后蕴含的文化属性是多元且复杂的，它既是文化的载体，也是文化的创造者和传播者。通过参与创美教育活动，幼儿不仅能够接触到丰富的文化元素和艺术形式，还能在创作和欣赏中感受到文化的魅力和价值，从而促进他们的全面发展。

第二节　幼儿园创美教育活动的育人属性

　　幼儿园创美教育活动，作为幼儿教育的重要组成部分，不仅承载着培养幼儿艺术素养的重任，更在潜移默化中影响着幼儿的全面发展与教师的专业成长。下面从幼儿与教师两个视角出发，深入探讨幼儿园创美教育活动的育人属性，揭示其在促进幼儿全面发展、提升教师专业素养以及构建和谐师生关系等方面的独特价值。

一、幼儿视角：创美教育活动促进全面发展

（一）激发幼儿的创美兴趣

幼儿园创美教育活动是激发幼儿创美兴趣的有效途径。这种兴趣的培养，对于幼儿的全面发展具有深远影响。幼儿园创美教育活动是基于幼儿自主性、主动性的活动形态，以幼儿为中心，从幼儿出发进行活动，在这种自由的环境中，幼儿更容易对创美产生浓厚的兴趣，进而提高幼儿在活动中的参与性、积极性、创造性。幼儿的各种经验来自他们与自然、与他人的互动，这种经验的来源是真实的、直接的，在实践情境中的，此种活动方式更容易发挥幼儿的主体能动性，顺应幼儿的天性。在各类创美教育活动中，教师尊重幼儿想要探索新事物的行为，幼儿的兴趣与需求被充分尊重，因而他们的兴趣变得更浓，从"被动"到"主动"，幼儿有充裕的时间去发现、去探索。同时，创美教育活动也注重幼儿的个性化和差异化发展。每名幼儿都有自己独特的审美观点和创作方式，创美教育活动鼓励他们展现自己的个性，发挥自己的优势。这种个性化的教育方式不仅增强了幼儿的自信心，也进一步激发了他们对美术的兴趣。

（二）发展幼儿的审美能力

幼儿园创美教育活动为幼儿提供了一双"发现美的眼睛"。在幼儿眼里，生活中的万物都是具体的、生动的，充满生命活力的。一朵花、一棵树、一片落叶，都是幼儿感受美的对象。在幼儿心里，幼儿园创美教育活动是有情感的、自由的、充满快乐的。斑斓的色彩、流畅的线条、夸张的造型，都是幼儿创造的美。在幼儿园组织的"自然创美""田野创美""亲子创美""公益创美"等各类活动中，幼儿无时无刻不在感受田野之美、自然之美等。审美思想和审美观念的培养渗透于幼儿园创美教育活动中。

创美教育活动蕴含着丰富的想象和独特的审美价值，能够满足幼儿乐于想象、感受、尝试、表现的欲望以及不同年龄、性别和性格幼儿的审美需求，是发展幼儿审美能力的重要媒介，有助于幼儿审美意识的激发、审美情趣的培育、审美感知能力和审美创造能力的培养，从而丰富幼儿的审美体验，促进幼儿审美能力的发展。如：每年第二学期开学恰逢元宵节，舞龙则是元宵节的

一种民俗文化活动。为了让幼儿了解舞龙文化,组建了舞龙队、创编龙狮操,灵活地展示出各种舞龙的动作和姿势,体验中华文化的独特之美。

（三）发展幼儿的认知能力

创美教育活动在幼儿教育中占据着举足轻重的地位,它不仅是培养幼儿艺术素养的重要手段,更是促进幼儿认知能力发展的有效途径。通过参与创美教育活动,幼儿可以在多个方面提升他们的认知能力。认知能力一般是指人的大脑对事物进行加工后,能够储存和提取信息的能力,它包括观察能力、记忆力、思维能力、想象力和创造力等。首先,创美教育活动能够锻炼幼儿的观察力和感知力。在创美过程中,幼儿需要仔细观察物体的形状、颜色、纹理等特征,以便更准确地表现它们。这种观察过程有助于培养幼儿的细致入微的观察力和敏锐的感知力,使他们对周围世界有更深刻的认识。其次,创美教育活动能够培养幼儿的想象力和创造力。在创美教育活动中,幼儿需要发挥自己的想象力来创造独特的艺术作品。这种创造性的思维过程有助于培养幼儿的想象力和创造力,使他们在面对问题时能够更灵活地思考和解决。最后,创美教育活动还能够提升幼儿的思维能力和空间认知能力。在创美教育活动中,幼儿需要思考如何构图、如何配色、如何创作等,这有助于锻炼他们的思维能力和空间认知能力。同时,通过创美教育活动,幼儿还可以更好地理解和把握物体的形状、大小、位置等空间关系,进一步提升他们的空间认知能力等。

（四）发展幼儿的创造能力

脑科学的研究表明:人脑左、右半球的分工是不一样的,幼儿在参与创美教育活动时,必须左右脑配合,更多地运用大脑的右半球。这将有利于促进幼儿全脑功能的开发,有利于幼儿创造能力的发展。创美教育活动是一种综合性智慧活动,它不仅包含创美知识,还包含了情感与态度、学习习惯与品质、创作技能和策略等。创美教育活动贯穿在欣赏、感受、体验、参与、操作、创新过程之中,强调主观想象、自由表现、感情抒发。幼儿在创美教育活动中大胆地进行想象和创造,强烈地表达自己的感受,自由地表达自己的理解和认识,抒发内心的情感与所感所思。在这过程中,他们既要动手,又要动脑,还要动口。在得到他人的认可和赞赏时,也增强了幼儿的自信心和成就感。同时,在与同伴一起合作创作、交流和分享过程中还促进了社交与合作能力等,这一切都将极大地开发幼儿的智慧潜能,提高幼儿的创造能力。他们创造力非凡,任何树叶、石头、木块都能是启发他们创作的源泉,思维从"收缩局限"到"螺旋发散",幼儿的"100种想法"能够尽兴地表达、表现。

二、教师视角:创美教育活动促进专业成长

(一)艺术素养与教学能力的提升

幼儿园创美教育活动要求教师具备较高的艺术素养和丰富的教学经验。为了引导幼儿更好地参与创美教育活动,教师需要不断学习艺术知识,提升自己的艺术鉴赏能力和创作能力。同时,教师还需要掌握多种教学方法和技巧,以满足不同幼儿的学习需求。在这个过程中,教师的艺术素养和教学能力得到了显著的提升。

(二)教育理念与育人方式的更新

创美教育活动强调以幼儿为中心,尊重幼儿的个性和兴趣。这要求教师转变传统的教育理念,从"教"向"学"转变,关注幼儿的学习过程和学习体验。同时,创美教育活动还鼓励教师采用多样化的育人方式,如情境教学、游戏教学等,以激发幼儿的学习兴趣和积极性。这种教育理念与育人方式的更新,不仅提高了教学效果,还促进了师生关系的和谐发展。

(三)情感投入与师德修养的强化

在创美教育活动中,教师需要投入大量的情感去关注每一名幼儿,了解他们的需求和想法,给予他们及时的指导和帮助。这种情感投入不仅让幼儿感受到教师的关爱和温暖,还增强了教师的师德修养和责任感。同时,通过与幼儿的互动和交流,教师也能够更好地理解幼儿的世界,从而更加有效地引导他们成长。

(四)教学反思与创新能力的培养

创美教育活动的多样性和灵活性要求教师不断创新教学方法和教学内容,以满足幼儿的不同需求。这促使教师不断反思自己的教学实践,总结经验教训,从而提升自己的教学创新能力。同时,教师还需要关注幼儿教育的前沿动态,不断学习新的教育理念和教学方法,以保持自己的专业素养和竞争力。

（五）构建和谐的师生关系

在创美教育活动中,教师与幼儿共同参与、共同创作,这种互动过程不仅增进了师生之间的了解和信任,还构建了和谐的师生关系。教师以平等、尊重的态度对待每一名幼儿,鼓励他们大胆表达自己的想法和感受;幼儿则在教师的引导下积极参与活动,享受创作的乐趣。这种和谐的师生关系不仅有利于幼儿的发展,也促进了教师的专业成长和心理健康。

三、幼儿与教师共同成长：创美教育活动的综合育人效应

幼儿园创美教育活动不仅促进幼儿的全面发展,同时提升教师的专业素养和育人能力。更重要的是,它构建了一个幼儿与教师共同成长的平台,实现教育过程的双赢。在创美教育活动中,幼儿与教师的互动和交流促进彼此之间的了解和信任,形成良好的教育氛围。这种氛围不仅有利于幼儿的学习和成长,也激发教师的教育热情和创造力。

同时,创美教育活动还促进幼儿园教育资源的整合和优化。为开展丰富多彩的创美教育活动,幼儿园需要充分利用各种教育资源,如艺术材料、教学设备、自然环境等。这不仅提高了教育资源的利用效率,还促进了幼儿园教育环境的改善和提升。

此外,创美教育活动还具有一定的社会效应。通过展示幼儿的作品和成果,幼儿园可以向家长和社会展示其教育成果和办园特色,从而增强幼儿园的知名度和影响力。同时,创美教育活动也可以促进家园共育的实现,让家长更加了解幼儿的教育需求和成长过程,从而更好地支持幼儿园的教育工作。

综上所述,幼儿园创美教育活动在促进幼儿全面发展的同时,也显著提升了教师的专业素养与育人能力。这种活动不仅为幼儿艺术素养的奠基与个性化发展提供了重要支撑,也为教师的专业成长与教育理念更新提供了广阔舞台。因此,必须高度重视幼儿园创美教育活动的育人价值,不断探索与创新其实施方式与方法,以更好地服务于幼儿与教师的共同成长与发展。

在创美教育活动实施过程中,应注重重塑幼儿学习方式,让幼儿在具体

的情境中通过探究培养自主学习兴趣,提升创造力和想象力,增强团队合作意识,学会解决问题的思路和方法。

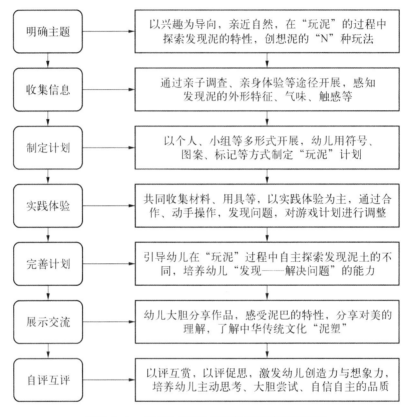

明确主题	以兴趣为导向,亲近自然,在"玩泥"的过程中探索发现泥的特性,创想泥的"N"种玩法
收集信息	通过亲子调查、亲身体验等途径开展,感知发现泥的外形特征、气味、触感等
制定计划	以个人、小组等多形式开展,幼儿用符号、图案、标记等方式制定"玩泥"计划
实践体验	共同收集材料、用具等,以实践体验为主,通过合作、动手操作,发现问题,对游戏计划进行调整
完善计划	引导幼儿在"玩泥"过程中自主探索发现泥土的不同,培养幼儿"发现——解决问题"的能力
展示交流	幼儿大胆分享作品,感受泥巴的特性,分享对美的理解,了解中华传统文化"泥塑"
自评互评	以评互赏,以评促思,激发幼儿创造力与想象力,培养幼儿主动思考、大胆尝试、自信自主的品质

图3-2-1 "'泥'好呀"创美教育活动实施流程

第三节 幼儿园创美教育活动的园本属性

幼儿园创美教育活动作为培养幼儿审美素养、创造力与情感表达能力的重要途径,其园本属性不容忽视。园本属性强调创美教育活动与幼儿园教育理念的契合,以及活动内容与幼儿生活经验的紧密联系。融合属性与生活属性作为园本属性的重要方面,对于提升创美教育活动的教育价值具有重要意义。

一、融合属性：幼儿园创美教育活动与五大领域的有机融合

幼儿园创美教育活动并非孤立存在，而是与幼儿园五大领域（健康、语言、社会、科学、艺术）紧密相连、相互渗透。这种融合属性不仅丰富了创美教育活动的内涵，也促进了幼儿全面发展。

（一）健康领域与创美教育活动的融合

健康领域关注幼儿的身体发育与运动能力发展。在创美教育活动中，教师通过引导幼儿进行手工制作、绘画等活动，锻炼幼儿的手部精细动作与手眼协调能力，从而促进其身体健康发展。同时，创美教育活动还与户外游戏、体育活动等相结合，让幼儿在享受艺术乐趣的同时，增强身体素质与运动能力。例如小班创美教育活动"草丛"中，幼儿和教师一起跟着"球"在草丛"旅行"，小球滚到哪里，幼儿跟着到哪里，找到了蚂蚁、蜗牛、树叶、花朵等藏于自然的秘密，激发幼儿对大自然的丰富感情。

（二）语言领域与创美教育活动的融合

语言领域强调幼儿的语言表达与沟通能力培养。在创美教育活动中，教师可以通过引导幼儿描述自己的作品、分享创作过程等方式，锻炼幼儿的语言表达能力。同时，教师还可以鼓励幼儿用故事、诗歌等形式表达自己的创作灵感与感受，进一步拓展其语言运用能力与想象力。沪语童谣是上海地区的文化瑰宝，活动中融入上海方言和民俗文化。《嗨！上海》刻画了生活在上海的小主人公辰辰的衣食住行，能以小见大地探索一座城市的历史文化、风土人情。在看看、说说中，幼儿感受文化的多样性。

（三）社会领域与创美教育活动的融合

社会领域关注幼儿的社会认知与人际交往能力培养。在创美教育活动中，教师可以通过组织小组合作创作、分享交流等环节，促进幼儿之间的相互理解与合作能力发展。同时，创美教育活动还可以与社区资源相结合，让幼儿走出幼儿园，接触社会、了解社会，从而培养其社会责任感与公民意识。如：表演是提升幼儿创造、表现、想象、合作的途径，教师鼓励幼儿大胆进行故事表演，如《一片叶子落下来》《鸟儿在歌唱》《团结的蚂蚁家族》《狐狸拜年》等。通过表演，幼儿逐步认识到自我的价值，并与同伴友好相处。

（四）科学领域与创美教育活动的融合

科学领域强调幼儿的科学探究与问题解决能力培养。在创美教育活动中，教师可以通过引导幼儿观察自然现象、探索科学原理等方式，激发幼儿的好奇心与求知欲。同时，教师还可以鼓励幼儿将科学知识与艺术创作相结合，创作出富有创意的科学艺术作品，从而培养其创新思维与实践能力。

大班幼儿通过主题学习、亲子研学等活动对上海的特色建筑产生了搭建兴趣。户外建构游戏中，幼儿设计图纸、安排分工、合作搭建"立方体"，不断发现问题、解决问题。在搭建的过程中，能有效调动幼儿积累的相关生活经验，激发出幼儿的动手能力、审美能力及无限的创造能力。这种创造力不仅能在艺术领域中体现，在建构游戏中同样得以体现。

表3-3-1 "立方体"搭建演变过程

"立方体"支架的演变	游戏计划	遇到问题	解决方案	效果评估	关键信息（幼儿表征）
定型+装饰	宝座	1. 通过初尝试，习得"立方体"的搭建方法，但座椅的坐垫太小，无法固定 2. 宝座虽然稳固，但不够好看	1. 幼儿发现缩短"立方体"支架的距离可以缩小座椅支架的空间 2. 幼儿合作对"立方体"进行装饰，改造成漂亮的多功能"宝座"	幼儿可以稳稳地坐在"宝座"上，享受着美味的饮料，舒服的靠背，体验成为公主的快乐	（2长方形+6长条牙齿状积木块）插塑后搭成稳固的"立方体"
升级+美观	摩托艇	1. 搭好了"立方体"支架，幼儿产生了新的创想。但摩托艇的靠背却出现了容易松动的问题 2. 靠背松动的问题解决了，但还不够酷帅	1. 幼儿合作探讨松动的原因，更换了积木块的种类，增加了积木块的数量 2. 幼儿继续改造摩托艇的外观，直到满意为止	摩托艇座位的靠背变得稳固、舒适、美观。幼儿坐在摩托艇上快乐骑行	（4根细长条的积木块）插塑后搭出稳固的椅背

（五）艺术领域与创美教育活动的融合

艺术领域是创美教育活动的核心领域。在创美教育活动中，教师可以通过引导幼儿欣赏艺术作品、学习艺术技能等方式，培养其审美素养与创造力。同时，教师还可以鼓励幼儿将艺术与其他领域知识相结合，创作出富有内涵与创意的艺术作品，从而展现其艺术才华与个性风采。

大班幼儿在玩影子游戏的过程中，有机融合五大领域，以"感知体验—深入探究—创意表达"为路径，丰富关于影子的经验。幼儿能借助一定的材料与工具，对光影进行多样探究，感受光影艺术的美，体验光影游戏与光影表演的乐趣，充分激发幼儿的主动性、创造性。

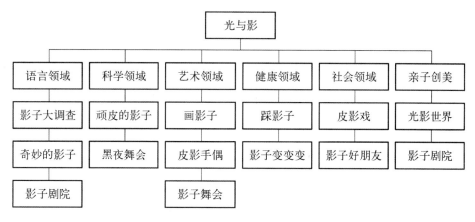

图3-3-1　创美教育活动"光与影"五大领域活动内容

综上所述，幼儿园创美教育活动与五大领域的有机融合，不仅丰富了创美教育活动的内涵与形式，也促进了幼儿全面发展。这种融合属性体现了创美教育活动的园本属性之一，即与幼儿园教育理念的紧密契合。

二、生活属性：创美教育活动内容与幼儿生活的紧密联系

幼儿园创美教育活动的生活属性强调活动内容与幼儿生活的紧密联系，体现联结幼儿当下经验与未来经验的作用。这种生活属性不仅使创美教育活动更加贴近幼儿的实际生活，也促进了幼儿对生活的感知与理解。

（一）创美教育活动内容来源的生活化

幼儿园创美教育活动的内容来源广泛，但其中最为重要的一部分便是幼儿的生活经验。教师可以引导幼儿观察自然、感受生活，从中汲取创作灵感与素材。例如在春季来临之际，教师可以组织幼儿踏青赏花，观察春天的色彩与形态变化，然后引导幼儿将这些观察结果转化为艺术作品。这样的活动内容不仅贴近幼儿的生活实际，也激发了幼儿的创作兴趣与热情。

（二）创美教育活动素材选择的生活化

创美教育活动的素材选择同样需要注重生活化。教师可以引导幼儿利用身边的自然材料、废旧物品等进行创作，如树叶、石头、纸张、布料等。这些素材不仅易于获取且成本低廉，更能够激发幼儿的创造力与想象力。例如在手工制作活动中，教师可以引导幼儿利用废旧纸张制作纸花、纸船等手工艺品，既锻炼了幼儿的动手能力，又培养了其环保意识与资源利用意识。

（三）创美教育活动联结经验的生活化

幼儿园创美教育活动不仅关注幼儿当下生活经验的积累与运用，也注重联结幼儿未来经验的发展。通过创美教育活动，幼儿可以学会观察、思考、创造与表达，这些能力将为其未来的学习与生活奠定坚实基础。例如在创美教育活动中，教师可以基于幼儿的现有生活经验，选择符合幼儿"最近发展区"的发展经验，从而搭建经验联结桥梁，丰富幼儿成长经历，促进幼儿积累经验。同时，这些活动也有助于培养幼儿的创新思维与实践能力，为其未来的成长与发展提供有力支持。如：条纹作为一种视觉元素，其简洁和对称的特性能给幼儿带来愉悦感，这种审美体验对于培养他们的审美情感是非常重要的。教师通过日常观察发现幼儿近期对衣服上的条纹很感兴趣，衍生出了对身边的条纹的兴趣，引发了同伴关于条纹的话题讨论。教师捕捉到这一契机，以"好玩的条纹"为主题，设计了一系列高低结构活动，开始了奇妙的探寻"条纹"之旅："玩个毛线""自然物编织""摇摆的线条""条纹，发现啦！"幼儿通过自主探索和创造探秘条纹，直观地感受到线条的流动和变化。

教师发现，整个高低结构活动中，幼儿通过分享自己找到的条纹，感知生活中无处不在的条纹与我们的关系，发现条纹的有趣与变化，培养幼儿探究周围事物、信息的兴趣。同时，中班幼儿能够更加细致地去观察、发现条纹的美。

三、融合属性与生活属性的相互作用与影响

幼儿园创美教育活动的园本属性体现在多个方面，其中融合属性与生活属性尤为显著。二者之间相互作用、相互影响。融合属性强调创美教育活动与五大领域的有机融合，促进幼儿全面发展；生活属性则关注创美教育活动内容来源和素材选择等与幼儿生活的紧密联系，体现联结幼儿当下经验与未来经验的作用。二者共同构成了幼儿园创美教育活动的独特价值与魅力。

一方面，融合属性为生活属性提供了更广阔的发展空间。通过创美教育活动与五大领域的有机融合，幼儿可以更加全面地接触和了解不同领域的知识与技能，从而丰富其生活经验与认知结构。这些经验与知识将为幼儿未来的生活与学习提供有力支持。

另一方面，生活属性也为融合属性提供了更具体、更生动的实施途径。通过创美教育活动内容与幼儿生活的紧密联系，幼儿可以更加深入地理解和运用所学知识与技能，从而实现知识与实践的有机结合。这种结合不仅有助于提升幼儿的学习效果与兴趣，也有助于培养其创新思维与实践能力。

教师在小班"树皮印画"的高结构活动中进行了如下环节的设计。（1）第一环节：回顾前期拓印经验时，设问：猜一猜这些好看的图案是用什么东西印出来的呢？通过前期作品激发幼儿的讨论兴趣，回忆自然物拓印的经验，发现大树也能够拓印出纹理和图案。（2）第二环节：感知树皮的外部特征，设问：大树先生的外衣是什么样子的？引导幼儿触摸树皮，直观体验、发现树皮的不同特征，进一步激发幼儿对树皮特征的观察兴趣。（3）第三环节：欣赏树皮的肌理美，引导幼儿用拓印棒蘸颜料在白色画纸上印一印，看看印出来的大树外衣的纹路。三个情境的创设，阐释了生活与创美的紧密联系，在自由创作中亲近自然，引发幼儿与大自然互动的兴趣，感受艺术创作带来的成功体验感，感受树皮的肌理美。

在未来的幼儿教育实践中，将进一步挖掘和发挥幼儿园创美教育活动的园本属性优势，注重融合属性与生活属性的有机结合与创新发展，通过不断优化创美教育活动内容与形式、提升教师专业素养与创新能力等方式，为幼儿提供更加丰富、多元、富有创意的创美体验与发展机会，促进其全面和谐发展。同时，我们也应关注创美教育活动对幼儿未来学习与生活的长远影响，努力培养具有创新精神与实践能力的新时代幼儿。

第四章 幼儿园创美教育活动的整体设计与实施

本章节结合园所实际,确立创美教育活动理念,将目标进行优化和完善,优化整合创美教育活动内容,基于证据进行活动实施和评价,不断优化创美教育活动内容的框架,整体设计幼儿园创美教育活动。

　　幼儿园将创美融入教育教学活动各环节,通过调整和优化创美教育活动目标、活动内容、活动实施、活动评价等,运用科学的方法收集、分析证据,为创美教育活动的持续优化提供科学依据与数据支持。

第一节 幼儿园创美教育活动的目标

活动目标是对幼儿在一定学期内的学习效果和身心发展水平或状态的预期。幼儿园创美教育活动目标是以《3～6岁儿童学习与发展指南》等相关政策法规中艺术领域美术方面的目标为基础,结合阶梯式幼儿创美教育活动理念,确立以体验化促进幼儿全面和谐发展为取向的活动目标。

一、创美教育活动目标的制定依据

幼儿发展和社会要求是科学制定活动目标的依据,同时也是活动目标的"来源"。以《上海市学前教育活动指南》《3～6岁儿童学习与发展指南》《上海市幼儿园办园质量评价指南》等政策法规为导引,以幼儿身心发展特征为基点,尊重幼儿艺术认知经验的最近发展区,为幼儿园创美教育活动目标的制定提供坚实的保障。

(一)相关政策法规为目标制定提供保障

社会对幼儿成长的期望,直接反映在相关的教育方针、政策法规和各种有关文件中。创美教育活动则着眼于使幼儿释放天性,能用多种感官感受与表达自己的情绪和对生活的观察、想象与思考,在生活中发现无处不在的美,通过多种途径引导幼儿感受美。基础教育阶段的创美教育活动目标必须立足于幼儿完整人格的发展。

《幼儿园教育指导纲要》提出了"培养幼儿初步的感受美和表现美的情趣和能力"的美育目标。众所周知,幼儿如果没有美的感受过程,就不会有表现美的需要和动机,更不会有丰富的再现内容。可见,幼儿园的创美教育活动不应是单纯的知识技能和片面追求表现形式的技能训练,而是在幼儿具备了一定的感受美、表现美等审美经验的基础上,教师根据幼儿的发展状况和需要,对创美表现方式和技能技巧给予适时、适当的指导。总目标规定了幼儿审美心理结构中审美感知、审美情感和审美创造等基本能力。审美能力的培养首先应该从审美感知能力入手,因为审美创造所需的内在图式与内在情感的积累,是通过感官对外部自然形式和艺术形式的把握来完成的;其次,幼儿通过艺术欣赏和艺术创作活动,能产生审美愉悦感,丰富审美情感体验,最终促进幼儿人格的完善;最后,在幼儿园艺术教育活动中,审美创造能力的获得,会进一步促进幼儿审美感知的敏锐和审美情感的丰富与深刻。总目标还指出了达到以上目标的途径,即通过教师引导幼儿对周围环境和艺术作品的欣赏,幼儿在艺术活动中自由自在地表达,以及幼儿对美术工具和材料的操作,对线条、形状、色彩、构图等美术表现语言的学习与构建来进行。

《上海市学前教育活动指南》要求,教育活动既要确保为幼儿提供其终身发展所需的基本经验和机会,也要适应个体幼儿的特殊需要。这就要求在制定幼儿创美教育活动目标的时候要关注整体与个体的区别和联系。

《3～6岁儿童学习与发展指南》以为幼儿后续学习和终身发展奠定良好素质基础为目标,促进幼儿体、智、德、美各方面协调发展为核心,提出了3～6岁各年龄段儿童学习与发展目标,建立对幼儿发展合理的期望。《3～6岁儿童学习与发展指南》在艺术领域的阐述为"幼儿艺术领域学习的关键在于充分创造条件和机会,在大自然和社会文化生活中萌发幼儿对美的感受和体验,丰富其想象力和创造力,引导幼儿学会用心灵去感受和发现美,用自己的方式去表现和创造美"。《3～6岁儿童学习与发展指南》提出了关于幼儿美术活动的具体目标和建议,其对于美术领域目标制定得非常细致而明确,且小、中、大每个年龄段幼儿的发展目标是呈阶梯式逐层提高的。因此,幼儿创美教育活动的目标制定要以《3～6岁儿童学习与发展指南》作为支撑点。

《上海市幼儿园办园质量评价指南》"3～6岁儿童发展行为观察指引"中有关艺术领域的"美感与表现"有两个子领域和四个行为表现,旨在引导幼儿园关注幼儿的艺术素养培养,通过提供丰富的艺术体验和创作机会,让幼儿在感受美、欣赏美、表达美和创造美的过程中,促进其身心的全面发展。

通过"表现行为"来呈现幼儿不同阶段的发展状态。值得提出的是,所列出的表现行为,并不完全对应幼儿的3～4岁、4～5岁、5～6岁年龄段,而只是列出了幼儿发展的阶段性典型表现行为。但典型性表现不宜视为这一年龄阶段每名幼儿在发展中必然表现出的行为;典型性表现是指这个年龄阶段中儿童学习与发展方面"一般"具有的特征,并不排除个别性、特殊性;典型性表现不能包揽幼儿行为的丰富性和多样性。因此,不能将典型性表现作为一种测量评价的工具,幼儿创美教育活动目标的制定要以《上海市幼儿园办园质量评价指南》为依据。

（二）幼儿年龄特点为目标制定提供依据

幼儿园创美教育活动是为支持、引导、鼓励幼儿参与活动,促进其身心全面和谐发展而创生的。活动目标是对其在一定期限内学习效果的期望。因此,必须研究幼儿,了解幼儿的身心发展规律,关注幼儿发展的需要。每名幼儿都是独一无二的,他们用自己的方式、速度进行学习与经验的积累。每名幼儿的经验不同、能力不同、问题不同、需求不同,因而创美创作中成长的足迹也是不同的。

根据幼儿不同的年龄特点、认知发展规律、身心发展规律等选择阶梯式创美教育活动内容,实施基于体验的创美教育活动,在实践中甄别适合特定年龄段幼儿的创美教育活动内容,不断地优化幼儿创美教育活动内容的开发与研究。

在确定幼儿园创美教育活动目标的时候,从儿童和社会两个方面作为依据,但要注意通过过滤、删选和协调,联系活动目标的价值取向,结合园本实际来制定相应的创美教育活动目标。

（三）幼儿发展现状为目标制定提供依据

儿童早期是接受审美教育的起点与关键期,对幼儿的全面发展至关重要。为充分发挥创美教育活动培养幼儿"乐美、享美、创美"的主要作用,掌握幼儿现有发展水平,确保活动从幼儿生命本质成长的经历中生发,在活动实践过程中有意识、有计划地收集相关证据,基于证据不断调整更适合当下幼儿的创美教育活动实施路径与策略,对标解证架构起幼儿兴趣、经验与创美教育活动目标之间的桥梁。研究前,选取我园小、中、大年龄段各一个实验班25名幼儿,对照班25名幼儿,通过观察幼儿参与创美教育活动过程中的行为表现,采用李克特五点量表计分,由低到高1～5分进行评分,数据采用SPSS 27.0统计软件进行整理和分析,采用独立样本t检验的方法分析不同年龄段幼儿的发展特点,掌握幼儿"乐美、享美、创美"的发展水平。

表4-1-1 小班实验班与对照班发展水平平均数比较

	N	乐 美		享 美		创 美	
		平均数	标准差	平均数	标准差	平均数	标准差
实验班	25	1.24	0.436	1.20	0.408	1.08	0.277
对照班	25	1.28	0.458	1.16	0.374	1.16	0.374
P		0.753		0.723		0.782	

由表4-1-1可见,小班实验班与对照班各25名幼儿在"乐美、享美、创美"方面发展均值接近,P＞0.05,发展无显著差异。乐美发展最好,接近1.3,享美均接近1.2,创美对照班幼儿略高于实验班幼儿。

表4-1-2 中班实验班与对照班发展水平平均数比较

	N	乐 美		享 美		创 美	
		平均数	标准差	平均数	标准差	平均数	标准差
实验班	25	2.08	0.493	1.92	0.493	1.76	0.523
对照班	25	2.12	0.440	1.96	0.455	1.88	0.440
P		0.763		0.767		0.384	

由表4-1-2可见,中班实验班与对照班各25名幼儿在"乐美、享美、创美"方面发展均值较为接近,P＞0.05,发展无显著差异。乐美发展最好,高于2,享美均接近2,创美对照班幼儿同样略高于实验班幼儿。

表4-1-3 大班实验班与对照班发展水平平均数比较

	N	乐 美		享 美		创 美	
		平均数	标准差	平均数	标准差	平均数	标准差
实验班	25	2.80	0.408	2.60	0.500	2.52	0.510
对照班	25	2.88	0.332	2.88	0.408	2.56	0.507
P		0.451		0.128		0.782	

由表4-1-3可见,大班实验班与对照班各25名幼儿在"乐美"方面发展均值较为接近,都在2.8左右,"享美"发展对照班的平均数高于实验班0.2,"创美"发展均在2.5左右,三者P＞0.5,表明发展无显著性差异。研究数据表明,幼儿"乐美、享美、创美"发展会随着年龄的增长不断提升,且幼儿都非常喜欢美的事物,"享美"排在第二,"创美"发展刚过平均数,水平较低,值得关注幼儿的审美情感、审美需求和审美能力。

由此,创美教育活动注重幼儿内驱力的激发和培养,确立面向实践和现实生活的活动发展目标,站稳儿童视角营造具有创美价值的学习生活环境,优化教师"一对一倾听",注重倾听时效,追随幼儿的共性兴趣和个性需求,以幼儿关注的热点话题、现有经验作为切入点回应幼儿的心声。在活动实施的过程中,关注幼儿整体发展、主动发展、差异发展。

二、创美教育活动目标的分类与分层

在"乐享创美 金悦童年"活动理念指引下,以幼儿园创美教育活动为抓手,促进幼儿健康水平以及情感、态度、认知能力等各方面的发展,使幼儿具有初步责任感的"乐美、享美、创美"三美儿童。结合幼儿的发展水平和年龄特点,将目标进行分层和分类,呈现阶梯式的活动目标。

（一）总目标

在"尚美金悦 乐享成长"的办园理念引领下,做实做优以"乐享创美 金悦童年"为理念的创美教育活动,丰富幼儿的感性经验和审美情趣,不断地激发他们感受美、表现美、创造美的情趣是实施创美教育活动的根本目的。

以《3～6岁儿童学习与发展指南》等相关政策法规中艺术领域"感受与欣赏""表达与表现"的目标为基础,根据《上海市幼儿园办园质量评价指南》中"美感与表现"指标进行优化,将创美教育活动目标分为"乐美""享美""创美"三大类。

表4-1-4　幼儿园创美教育活动具体发展目标

具体目标	乐美	初步接触多元文化,喜欢欣赏多种多样的艺术形式和作品,追寻并崇尚一切美好的事物;喜欢并感受自然界与生活中的美,萌发审美情趣
	享美	分享并表达自己对美的理解
	创美	喜欢进行艺术活动,大胆地表现并创造,具有初步的艺术表现与创造能力

（二）各阶段发展的活动目标的细化

从单一的行为目标到兼顾生成性目标和表现性目标的发展。在活动中,不仅关注幼儿的创美能力的发展目标,更关注不同幼儿在活动中的过程性发展以及个性发展。

表4-1-5　幼儿园创美教育活动阶段发展目标

具体目标		阶 段 目 标
乐美	小班	1.1 喜欢观看花草树木、日月星空等大自然中美的事物 1.2 喜欢观看绘画、泥塑、剪纸、造型等不同形式的艺术作品
	中班	1.1 在欣赏自然界和生活环境中美的事物时,关注其色彩、形态等特征 1.2 能专心观看自己喜欢的美术作品,并有模仿和参与的愿望 1.3 愿意参加创美欣赏活动,欣赏艺术作品时能产生相应联想和情绪反应
	大班	1.1 乐于收集美的物品或向别人介绍所发现的美的事物 1.2 喜欢参加创美欣赏活动,能通过表情、动作、语言等表达自己对作品的理解 1.3 积极参加各类艺术活动,对某类活动形式表现出偏爱

（续表）

具体目标		阶　段　目　标
享美	小班	2.1 愿意用语言表达自己的需要和想法,必要时辅以简单的动作和表情 2.2 喜欢用简单的图画或符号表达一定的意思 2.3 愿意和同伴一起进行创美教育活动
	中班	2.1 愿意与他人交流自己感兴趣的美术作品 2.2 能使用较连贯的语言较完整地讲述自己对创美作品的想法 2.3 能用图画和符号表达自己的愿望和想法 2.4 创美教育活动中能尝试与同伴进行合作
	大班	2.1 乐于参与讨论问题,能在众人面前表达自己的想法 2.2 能使用常用的形容词等用连贯、清楚的语言分享自己的创美作品或者对作品的体验,语言较生动 2.3 能用图画和符号表现事物或故事 2.4 活动中能独立表现,也能与同伴合作表现 2.5 能运用自己制作的艺术作品布置环境、装扮自己和美化生活
创美	小班	3.1 喜欢涂涂画画、粘粘贴贴等活动 3.2 能运用简单的线条和色彩大致画出自己喜欢的人或事物
	中班	3.1 喜欢运用画、捏泥、折纸等方式表现观察到的事物和自己的想象 3.2 能运用绘画、捏泥、折纸等方式表现观察到的或想象的事物
	大班	3.1 乐于运用多种工具、材料或不同的表现手法来表达观察到的事物和自己的感受与想象 3.2 能运用较丰富的色彩、线条、形状以及材质等表现自己观察到的事物及感受

第二节　幼儿园创美教育活动的内容

一、幼儿园创美教育活动内容的来源

　　新时代育人方式变革要求园所从幼儿的已有经验和未来精神成长的角度讨论活动,树立活动资源意识,重视从幼儿的真实生活中发掘活动内容,围绕体验,运用剔除法、优化法、关联法、增加法对原有内容进行重组;同时要意识到,当生活中常见的事物进入活动行动体系时,需要借助活动设计使其超越对日常生活的复制,成为能够促进幼儿建构新经验、实现教育活动目标的条件。

（一）互动中生发目标取向的活动内容

幼儿园充分考虑办园历史、幼儿发展水平、师资队伍等,确立创美教育活动目标,围绕"乐美、享美、创美"目标选择合适的活动内容。当然,确立的活动内容要符合幼儿园园所的理念,确保活动内容的开展是全体教师的共同愿景,只有这样,活动的开展才具有拓展性和生成性,才能可持续推进。

本研究以创美特色教育为支点,全方位、多角度地建立以创美教育活动为主线,循序渐进地架构与呈现田野创美教育活动、自然创美教育活动、公益创美教育活动、亲子创美教育活动四大板块"创美"活动内容,以外部变化和内部生长两个维度为核心,整合其他领域教育目标,构建起立体且丰满的活动内容,将学习内容与幼儿已有经验进行意义关联,发展幼儿观察、想象、创造等多种能力,萌发幼儿的审美情趣。

将创美教育活动融入艺术、自然、社会的审美过程中,立体化、多元化地实施创美教育活动的融合发展,充分挖掘自然,通过实际操作和实践体验激发幼儿去追求美。（见图4-2-1）

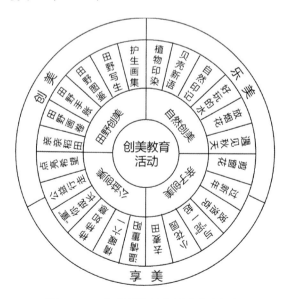

图4-2-1　小班创美教育活动内容框架

（二）体验中生发需求取向的活动内容

幼儿的有意义学习来自他们的兴趣和需要、观点和想法，这与创美教育活动的生发紧密相连，是活动选择的重要来源。幼儿的已有经验和可能获得的经验都与其生活息息相关。基于需求取向的活动内容，一般从两个方面来考虑：一方面是幼儿园多角度地分析判断幼儿成长过程中的需求、幼儿未来发展的需求，对幼儿生活的分析与甄选；另一方面是通过了解幼儿的真实需求，来设计和安排幼儿想要的和合适的活动内容。幼儿感兴趣的内容存在于生活中，一棵草、一只蚂蚁、一块泥土都可能引发他们的兴趣，观察幼儿的行为，倾听他们的想法，和幼儿一同探寻有意义的活动。

秋冬交换季，幼儿来到户外，动物冬眠、树叶凋落、大风袭来，这番景象引发幼儿的思考：大树是如何过冬的？树木会感冒生病吗？根据幼儿当下的兴趣需求，教师生成"大树保暖工程"活动，围绕"大树是否怕冷？冷了怎么办"等问题，以幼儿的审美体验、感悟为基础建构了由"领悟对生命尊重和珍视"的价值导向，鼓励幼儿用"艺术介入"的形式传递温暖，与同伴合作设计、自主寻找材料，敢于创想，大胆探索与创造，活泼的造型与柔软的触感更让幼儿真切感受大树是他们的好朋友，每一件有趣的树木"保暖衣"背后都凝结着他们对自然的无限热爱。

这种超越既有活动内容的超越性设计，要求教师不断提升综合能力，又需要教师善于挖掘幼儿感兴趣且有价值的育人资源，不断取舍、聚合，融入可具体操作的内容。

（三）传承中生发资源取向的活动内容

基于资源取向的活动内容自然是和幼儿园所处地域特色和当地文化相关。地域特色包括幼儿园的建筑特点、幼儿园的周边环境特点、幼儿园所处的街道文化、当地民俗，等等。注重利用金山地域自然资源开发创美教育活动，充分利用地域田野资源，以季节为线索，开展春季踏青、夏季七彩活动、秋季采摘割稻、冬季远足等活动。依据附近的自然资源，以幼儿园为中心进行划分，分为10分钟、20分钟、30分钟（图4-2-2），组织幼儿开展探究性的创美教育活动，比如田野时装秀、田野图鉴等。依托得天独厚的园所条件，不断吸纳地域自然资源中有价值可利用的教育资源，为幼儿创美教育活动内容的开发与建设提供了新的渠道。注重创设真实情境,让创美教育从园内走向园外,拓宽幼儿创美教育的学习场、体验场和游戏场,实现教室—幼儿园—社会的融通,需要教师提升教育资源的统筹整合能力,打破学校、家庭、社会教育之间的壁垒。

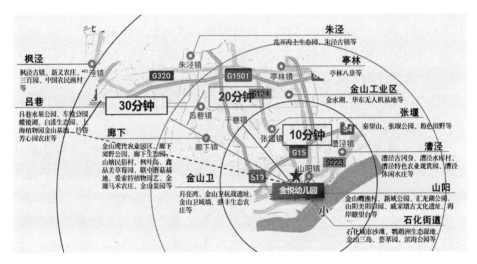

图4-2-2 幼儿园创美活动资源地图

根据这些特点设置的相应活动内容更接近幼儿生活,让幼儿有真实体验。以创美特色为支点,全方位、多角度地建立以创美教育活动为主线,循序渐进地架构与呈现田野、自然创美教育活动、公益创美教育活动、亲子创美教育活动四大板块"创美"活动内容,以多种教育形式为核心,整合其他领域教育目标,发展幼儿观察、想象、创造等多种能力,萌发幼儿的审美情趣。

表4-2-1 幼儿园创美教育活动模块示例

活动模块	年龄段	活动内容示例
田野创美活动： 以一花一草、一事一物为活教材,开展生活化的创美教育活动,让幼儿在真实自然的环境中,大胆表达表述；亲近大自然,感受人与自然的和谐	小班	护生画集、田野"印"象、流水"野"趣、亲亲稻田、童心绘就田野梦(田野创美节)、指尖上的创意、端午田野集市、动物花花衣、田野"美"味

（续表）

活动模块	年龄段	活动内容示例
	中班	田野写生、田野图鉴、田野手账、童心绘就田野梦（田野创美节）、家乡的稻草、指尖上的创意、端午田野集市
	大班	田野写生、田野图鉴、田野手账、田野时装秀、田野画卷、童心绘就田野梦（田野创美节）、指尖上的创意、端午田野集市、郊野寻莓、家乡的稻草
自然创美活动： 大胆尝试各种绘画形式，体验艺术创作的乐趣	小班	"葫"里"葫"涂、遇"稻"美好、"泥"好呀、自然印记、贝壳新语、树叶畅想、好玩的水、小毛虫、不怕冷的花、放烟花、海底世界、秋天的树林、花儿朵朵开、蔬菜拓印画
	中班	植物印染、琳琅满"木"、石头创想、蔬菜变变变、葫芦写生画、蔬菜一家亲、花瓣画语、风中探秘、树叶变变变
	大班	竹天竹地、百变自然秀、"棉"言细雨、"筋筋"乐道、在悦园里劳动、创意花器、百变陶泥、一园蔬菜成了精、植物朋友圈、水果里花纹、扎染印象
公益创美活动： 通过公益创美活动，提供科学的育儿内容及亲子创美游戏，促进幼儿特色活动的推广与深化；通过爱心义卖活动，培养幼儿乐于助人、乐于奉献的品质，体验自我创造的成就感	小班 中班 大班	"金小图"03早教公益创美活动、"六一"创美节义卖活动寓教于乐、快乐"童"行"重阳秋色暖，敬老情更浓"创美作品义卖活动
亲子创美活动： 通过亲子创美活动，让幼儿与家长充分享受艺术活动的乐趣，加强家长与幼儿之间的情感交流；大胆表达自己的作品，培养幼儿自我展示、交流的能力；培养幼儿审美情趣，体验自我创造的成就感	小班	小小波洛克、青花纸盘、我喜欢的阿福、剪窗花，过新年、麦田里的丝柏树、捏一段时光，与幼儿共享

（续表）

活动模块	年龄段	活动内容示例
	中班	"大手牵小手，装点美丽生活"、亲子京剧秀、波洛克太空营地、稻田里的秘密、瓶中沙画、一起来做竹编匠
	大班	刷房子、当波洛克遇上棉线、捏泥人、秋天的树叶、金色的稻田、与大师对话——吴冠中作品展、沙趣、渔村寻宝

第三节　幼儿园创美教育活动的实施

基于儿童立场，遵循幼儿身心发展规律，探讨幼儿园创美教育活动实施的原则、路径、策略及方法，鼓励幼儿用自己的方式去感受美、表现美、创造美，同时为教师开展创美教育活动提供可行的、易操作的建议。

一、幼儿园创美教育活动的实施原则

（一）主体性与开放性兼容

主体性指明了将幼儿的整体发展放到首位，要体现对幼儿主体地位的尊重，同时在开放自由的环境和活动内容中，允许幼儿自由学习、自由发展和自我实现，旨在使他们形成自主独立的意识和学习动力，充分发挥他们的积极性和主动性。幼儿的经验习得和学习特点与亲身体验、实际操作密切相关，幼儿在参与活动的过程中大胆探究用自我的方式和方法表现美，将体验转化为情感、想象、联想，继而获得对生活体验和丰富的感情积累，丰富审美体验，获得素养提升。把"幼儿发展优先"作为一切行动的根本，充分发挥幼儿的主体性，调动幼儿学习的积极性，将自身的情感、想象、艺术审美能力等进行融合，并完成相关的创作。

在大班"我的自画像"创美教育活动伊始，引导幼儿观察镜子中的自己，感受五官与表情特征，接着让幼儿自主选择绘画工具，如彩笔、油画棒、水彩等。

幼儿依据对自己的观察和理解,自由创作自画像,可自行决定背景颜色、构图方式以及是否添加装饰元素等。尊重每名幼儿的创作思路,仅在色彩搭配等方面给予适当建议。整个活动幼儿主导创作过程,充分发挥想象力与自我表达能力。

开放性能调动幼儿体验、探索的积极性,让他们体验到主动参与的乐趣,体会创美教育活动的魅力。创美教育活动有多样性、创造性、情感性、包容性等特点,个体创造意识的开发依赖于个体主动性的发挥,在幼儿实践、感受、欣赏的过程中,尊重并理解幼儿的个体差异,接纳他们不同的观点、风格和创作方式,鼓励自由表达和探索。

在"我是中国人"主题中,幼儿了解到了陶泥,他们对此产生了浓厚的兴趣。幼儿将自己想要了解的写在便笺纸上,张贴在问题墙上,如:"所有的泥都可以用来制作陶瓷吗?""陶瓷是怎么制作的,陶瓷还可以做什么?"等。幼儿通过同伴互助、查阅资料等多种开放性的方式寻找答案,与"问题墙"展开深入的互动,不断丰富主题内涵,拓展已有经验。

（二）体验性与生活性互补

学习探索的过程是幼儿体验的过程,所获得的活动资源来源于幼儿生活,并且在开展创美教育活动中能亲自操作和直接体验。生活性是指生活中充满了幼儿所关注的事物,这些都能成为教育的契机,生活是艺术创造的源泉,幼儿的生活为幼儿创美教育活动提供了丰富的来源,有效激发幼儿能动的和创造的行为。例如结合主题"在秋天里",利用幼儿园户外场域,朱老师和幼儿一起置身真实的情景中,引导幼儿观察树干的色彩、形状,树皮的粗糙、软硬程度,等等。在心理审美体验上,要让幼儿主动围绕主题探索感知、体验。通过用眼去看,用耳去聆听,用手去触摸,用心去感悟、感知,发现大自然中的美,认识理解有关秋天的特点与变化规律。从幼儿的表达表现中可发现,幼儿对树干的特征认识更丰富了,部分幼儿表现出了树干上青苔的色彩,部分幼儿通过画笔的变化表现出了树皮粗糙和光滑的感觉,幼儿的认知得以完善和丰富,这使幼儿在表达表现时实现自我的突破。

在设计创美教育活动的过程中,需要立足于幼儿的实际情况,贴近幼儿的各种生活经验,根据他们的发展要求和兴趣,从生活中选取适宜的活动资源,充分地开发主题的内容以及价值,把富有教育价值的资源、内容纳入活动

图4-3-1 创美活动体验路径

领域,同时通过多样的方式来开展,采用系统性的方法来适应不同层次幼儿的发展和需求,帮助幼儿获得长远的发展价值。围绕幼儿熟悉的事物开展活动,容易被幼儿理解和接受,可以提升幼儿已有的知识经验,使他们获得丰富的社会情感体验。

中班幼儿对幼儿园的大树和小鸟产生了兴趣,在春天鸟儿归来时想做一个鸟窝,于是"小鸟保护计划"自然创美教育活动应运而生。幼儿和爸爸妈妈一起探寻大自然中的鸟窝,"鸟窝在哪里?""鸟窝是怎样的?"在寻找的过程中对其建立形状、结构、材料的初步审美感知,然后一起调查哪些树和材料适合给小鸟做窝,收集棕榈丝、树枝、干花、原木片等各类自然材料,并结合绘本《鸟窝》和图片研究鸟窝的不同结构,共同制作,并将做好的鸟窝安置到大树上,还添置了盛放小米和水的容器,吸引小鸟们前来入住。"什么样的鸟窝更能吸引小鸟?""怎样的结构更牢固?""什么材质和造型能防风防雨?"等话题不断支持幼儿持续关注、改进鸟窝。

表4-3-1 "小鸟保护计划"议题线、情境线、主问题链

议题线	主议题 小鸟保护计划	子议题1 鸟窝是怎样的?	子议题2 什么材料适合做鸟窝?	子议题3 鸟窝不牢固怎么办?
情境线	幼儿园里的小鸟变多了	寻找大自然中的鸟窝	搜集制作鸟窝的材料	悬挂后鸟窝散架
主问题链	没有鸟窝小鸟住哪里?下雨了,小鸟会冷吗?	幼儿园里有鸟窝吗?哪里有鸟窝?是什么形状的?	鸟窝用什么做?怎么做?做多大?鸟窝里面有什么?	稻草松散了,纸板淋雨后湿了,棉花太轻了,怎么解决?

幼儿通过实际行动保护小鸟,感知人类和自然的关系,萌发对大自然、对动物的关爱之情。在体验探究中,创造力、合作能力、解决问题等能力也得到

发展。

(三)阶梯性与多样性并重

以幼儿发展为轴心,以创美教育活动为支点,全方位、多角度地建立以美育为主线,遵循幼儿的发展规律和特点,循序渐进地架构与呈现多元创美教育活动,发展幼儿观察、想象、创造等多种能力,萌发幼儿的审美情趣。阶梯性以不同年龄阶段幼儿的年龄特点和发展需求为依据,搭建层级式的创美教育活动内容,使活动内容呈螺旋上升态势。

幼儿的发展具有阶段性,同一活动主题不同年龄段的活动内容要有所区别,同一年龄段的活动内容也要体现层次性,能够满足幼儿的发展差异。因此,教师在设计每一个活动内容时都要有所兼顾,体现出这种阶段性。以创美教育活动"'筋筋'乐道"为例,如图4-3-2:

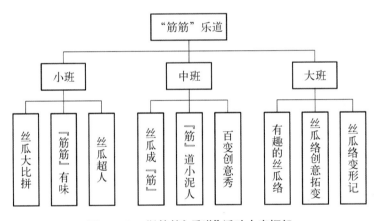

图4-3-2　"'筋筋'乐道"活动内容框架

多样性是对个体和个性的尊重,同一年龄段的幼儿,由于各自的兴趣、爱好、知识、经验都是不一样的,必须尊重、包容幼儿的个人选择和个体差异。教师要考虑到每名幼儿的实际情况,因不同幼儿的不同特点,因材施教,使每名幼儿的潜能充分发挥,最大限度地发展自己。运用多种方式满足幼儿充分体验的需要,幼儿接触的事物多了,对事物的感受就会更加深刻,情感更加丰富,也能更好地表达自己。如工具、材料的多样性,幼儿的选择出自他们自身的能力和兴趣,往往是最符合他们需求的,能让他们的创想得以充分发挥。

多样性体现在材料的形状、大小、质地、色彩、可塑性等方面,教师可引导幼儿将其作为艺术美的要素来思考,发现材料的妙趣,使创作更多样化。如画笔的提供,如果只有大笔,当幼儿知觉分辨力提高,希望表现细节时,就难以做到,而细小的笔在大面积涂色时费时费力,会阻碍幼儿想象力的发挥。幼儿通过亲历实践和内心感悟获得审美情绪、情感和认知上的体验,最后才能用创意的形式表达自己内心的感受和对事物的理解。

(四)重构性与生成性交织

重构的内涵是以原有活动为蓝本,解读分析其价值内涵,并嫁接儿童的实际兴趣、需要与发展,对活动目标、活动内容进行调整优化、架构梳理,形成新的活动方案。以幼儿的已有经验、幼儿园的实际情况为基础,根据活动中幼儿的实际情况灵活调整,赋予幼儿充分自由表达的机会,倾听幼儿的兴趣和需要,处于动态和不断生成的过程。

在"小小扎染坊"活动中,幼儿通过自主探索和实践,亲身感受了扎染艺术带来的独特美感。赵老师先和幼儿一起了解扎染相关的非遗文化,当幼儿表现出兴趣后,投放各类扎染作品引发了幼儿动手操作的愿望。从初次接触颜料与布料的碰撞,到尝试不同的折叠和扎皮筋方法,每一步都充满了新奇与惊喜。幼儿从最初的模仿到后来的创新,不断尝试和探索新的扎染技法。他们敢于挑战自我,勇于尝试不同的颜色组合和折叠方式,创造出了各具特色的扎染作品。

一次偶然的机会,幼儿听到悦园里传来了"咚咚咚"的声音,原来是在榨紫甘蓝,一名幼儿好奇地问道:"赵老师,紫甘蓝的汁可以染布吗?"这份好奇心引发了幼儿对植物颜色的关注,幼儿开启了一场探索植物色素之旅。通过压碎、碾碎植物提取色素,将其染布,创作了独特作品。既生成了新的活动,又丰富了幼儿的活动内容。幼儿不仅获得了有关植物色素的奥秘,动手能力、创造力和想象力还得以充分发挥。

在实施的过程中,激发幼儿与环境的积极互动,以促进幼儿多方面经验有效增长和建构。再结合实施进程,多次对新的活动方案进行调试、完善,同时应该保持一定的弹性,为活动方案留白,给予幼儿充分的参与权、行动权和操作权,强调生成性活动的开发和经验系统的动态建构,从而形成更贴合幼儿需求的幼儿园创美教育活动。

　　一次远足活动中,幼儿发现树枝的形状、粗细、长短都不同,教师抓住幼儿的这一好奇心与探究欲,为幼儿创设自由创造的环境,引导幼儿做大自然的艺术家。教师看到幼儿用树枝、毛球、铃铛等材料制作乐器奏响春日序曲;用树枝、树叶、花瓣制作装饰画;装饰树叶制作搞怪树叶风铃……丰富的材料激发幼儿尝试不同的艺术表达方式,幼儿尽情描绘心中的世界,从不同角度感受春天之美。教师充分挖掘一日生活中的各种契机,支持幼儿持续积累审美经验。

（五）整合性与系统性并存

　　从幼儿园整体化发展出发,立足于幼儿园的高质量整体发展,是幼儿园创美教育活动建设的正确途径与主要目标。幼儿的学习与发展是渐进的、整体性的过程,立足创美教育活动的价值与目标,在活动的架构中考虑各年龄段幼儿的多元发展,关注共同性活动与创美教育活动有机融合,充分注意不同活动之间的相互作用与渗透,增强活动内容与生活的衔接,建立活动内容之间的联系,做好目标、领域之间的融合,发挥活动实施的整体效应。

　　大班研学活动幼儿走进了枫泾古镇,进行实地游览、参观,建立对古镇的审美感知和想象经验。古镇的桥,古镇的雕梁画栋、飞檐翘角都让幼儿印象深刻,周老师支持幼儿用水墨、拼搭、泥塑等多种方式进行表达表现以获得审美理解力。在欣赏和合作添画的过程中感受枫泾古镇意境美,萌发幼儿热爱家乡的情感。

　　创美教育活动强调有组织、有计划,并根据幼儿和教师的反馈不断优化活动内容和形式,确保活动的持续性和连贯性。尊重活动的过程属性,从实践取向来看,创美教育活动中幼儿是动态体验的过程,引导教师关注以幼儿经验为基础的知、情、意、行的培养和发展过程,发挥过程性评价的导向作用,激发幼儿的创造性,发展幼儿的艺术素养。

　　在"非遗鱼灯"活动中,教师呈现了不同形式的鱼灯,激发幼儿了解鱼灯的兴趣。中大班幼儿通过感知欣赏、讨论交流初步了解鱼灯的造型特征、鱼灯的寓意。根据幼儿不同的发展水平,教师投放丰富的材料,大班幼儿尝试设计鱼灯、制作鱼灯。中班幼儿和教师、家长一起制作,设计独特图案共同完成,最后进行作品展示。系列活动既激发幼儿艺术欣赏和美感体验,又能增加幼儿的文化归属感。

幼儿园要树立正确科学的幼儿园特色发展的理念，切勿发生过分倾斜与过分注重创美教育活动的现象，应注重领域融合，对创美教育活动建设进行统筹规划与系统建设，同时充分挖掘并利用自然资源与幼儿创美教育活动相整合，也要引入不同的艺术流派，激发幼儿的兴趣，感知多元的艺术美，更关注幼儿情感的表达和个性的表现。

二、幼儿园创美教育活动的实施路径

基于活动的整合、师生共建与教育个别化的要求，强调构建具有启蒙性、整合性、开放性特征的创美教育活动体系，尊重幼儿主体性，开展多元化创美教育活动，通过多种途径实施。幼儿园创美教育活动通过专门性路径进行实践优化，又在一日活动中融合性升华，让幼儿在直接操作和探索中体验"玩中学"的乐趣。

（一）专门性路径

专门性路径主要包括集体性创美教育活动和个别化学习活动中的区域性创美教育活动。集体性创美教育活动包括绘画、手工、美术欣赏，个别化学习中的区域性创美教育活动是集体性创美教育活动的延伸与拓展。

1. 集体性创美教育活动

集体性创美教育活动是幼儿园创美教育活动实施的重要形式，包括绘画、手工、美术欣赏三大内容。美术欣赏开阔了幼儿的视野，增加了表象经验的积累，提高了对美的感受力。绘画与手工是幼儿在创美教育活动中具体的操作表现，在活动过程中，幼儿逐步掌握多种绘画和手工的基本技能和操作方法，有进行创造性表现的意识和欲望，体验从活动中得来的各种感受，同时又促进艺术欣赏力的提高。应该说，绘画、手工和欣赏是相互联系相互促进的三个方面，它们在幼儿园创美教育活动中构成了一个不可分割的整体。

小班集体创美教育活动"我爱洗澡"，在一定情境下尝试用"吸管吹画"的形式完成绘画内容，大胆、形象地表现富有生活趣味的"泡泡澡"作品。为了更好地激发小班幼儿参与活动的积极性，教师选择创设"洗澡"这个情境，在开始的时候出示一个大大的洗澡盆，幼儿一下子进入了"洗澡"的情绪中。

教师还为幼儿提供了幼儿的头像和各类彩色的手工纸以便幼儿装饰富有自己特色的洗澡盆,让幼儿沉浸在我给自己洗澡的情境中,充满趣味的情境让小班的幼儿不知不觉中掌握了"吸管吹画"的方法,完成了一幅幅色彩丰富的作品,完成后幼儿之间可以相互欣赏不一样的作品。

2. 区域性创美教育活动

区域性创美教育活动是幼儿园创美教育活动实施的主要形式。区域性创美教育活动为幼儿提供了一个丰富多样的、有选择自由度的环境,引发幼儿自主参与创美教育活动,从而激发幼儿对美的敏感性,提升幼儿表现美、创造美的兴趣和积极性,使幼儿获得更大的乐趣和满足,对幼儿健康个性的形成、创新意识的培养具有积极意义。通过让幼儿用自己的方式欣赏美、表现美、展示童真,充分发挥自身的创造性,也为教师实施个别化指导提供了条件。

在"水中的哈哈镜"大班创美教育活动中,教师为幼儿提供了丰富的材料,幼儿可以有多种表现创作的玩法。玩法一是画倒影:在水盆中装半盆水,让幼儿对着水面做鬼脸,观察水中倒影的变化并在纸上画出自己在水中的倒影。玩法二是想象画:将画纸对折,在纸的上部用蜡笔画各种轮廓,用水彩蘸水淡淡刷上倒影处以制作水面。教师可以在个别化学习区域中有意识地观察幼儿观察比较的兴趣和专注程度,如发现实物和倒影的不同;幼儿参与绘画活动的积极性,使用水彩笔进行作画的能力,以及涂色对称印画时动作的协调性、灵活性等,并有针对性做个别化指导。

(二)融合性路径

融合性路径包括户外远足、亲子研学及亲子创美教育活动,将远足、亲子研学活动融入幼儿园创美教育活动中,利用远足、研学等活动机会,组织幼儿参与传统民间艺术和地方民俗文化活动,进行户外情景写生等活动;通过亲子创美教育活动,"重构家长参与"的框架,创设家长承担共育的平台与载体,促使家长成为幼儿园创美教育活动的支持者、提供资源的志愿者、协助教师评价幼儿创美行为的观察者,使家长实质性地进入共育的境地。

1. 户外远足

远足活动是幼儿园创美教育活动实施的途径之一。它为幼儿提供了接近大自然的机会,扩大了幼儿接触社会、认识社会的活动空间。利用远足活动

"走出去"的机会,组织幼儿进行户外情景写生活动等。小班幼儿跟随教师在幼儿园走一圈,更进一步认识幼儿园,感受幼儿园的美,提升爱幼儿园的情感。中班幼儿跟随教师走出幼儿园,一路上认识柚子树、杏子树、橘子树,等等,感受附近街道独特的景色。在大班写生"我周围的住宅小区"活动中,教师组织幼儿到周边的小区远足,并进行一次户外情景写生活动,让大班幼儿通过认真观察画出所住小区的景象,激发幼儿热爱生活、喜欢自己居住小区的美好情感。幼儿的眼睛是敏锐的、清纯的,他们能够洞察事物的细微变化并博采精华,而户外远足则给了幼儿一次发现美的机会,逐步提高幼儿的观察能力。

2. 亲子研学

亲子研学是幼儿园创美教育活动实施的补充途径。《指南》中指出,采用生动活泼的形式,关注幼儿的个性成长,使幼儿通过各种活动感受生活中的自然美,接受美的熏陶,培养美的创造力,开启美的启蒙,提升幼儿的美学素质。教师与家长共同有效利用社会、社区、周边的教育资源,为幼儿创设丰富的利于发现、感知、体验的教育环境,促进幼儿在活动中获得有价值的学习经验,培养幼儿的观察能力、审美能力等。以班级或者级组为单位,每学期开展一次或者多次亲子研学活动。幼儿和家长们一起走进田野,开展稻田写生;或走进金山城市沙滩,来一场堆沙堡竞赛;或走进金山嘴渔村,了解海渔文化。

3. 亲子创美

亲子创美教育活动是幼儿园创美教育活动实施的辅助途径。在亲子创美教育活动中,家长对幼儿创美的理解、支持会激发幼儿兴趣,家长的积极参与、引导会促进幼儿创美能力的发展。例如借助新城公园的自然场地,开展"指尖上的创意"亲子创美教育活动,家长与幼儿共同参与。小、中、大班采用了混龄亲子创美游园形式,教师提供新奇丰富的材料、自由开放的空间、形式多样的活动让幼儿、家长发挥天马行空的想象,体验创美的乐趣。这不仅陶冶了幼儿的审美情感,更让幼儿与家长共同感受了浓浓亲情。

三、幼儿园创美教育活动的实施策略

(一)熏陶策略

熏陶策略是指在特定的环境氛围和情境中,幼儿受到无意识的感染、启示和教育,能使幼儿接受潜移默化的熏陶,加强美的视觉感受,培养幼儿对美的事物的敏感性,引发幼儿对美的向往。

1. 氛围营造法

"创美"环境作为一种"隐性课程",对幼儿起着润物细无声的作用。幼儿通过感官从客观世界获得体验,成为主动探索的动力,如亲身感知、角色扮演、实物触摸、情景故事、视频欣赏等方式获得具体的情感体验。创设环境的过程是教师、幼儿、家长等共同合作,幼儿以主人的身份参与的教育过程,不仅要让幼儿真正地感受到幼儿园环境是属于他们的,还要充分调动幼儿的积极性,引导幼儿主动地参与环境创设。幼儿无法借助文字表达,创美便成为幼儿表达心声、表现自我的最佳手段,幼儿积极运用美术语言与环境互动,在园所环境创设中无不渗透着丰富多彩的"创美"元素,使幼儿在不知不觉中获得艺术的熏陶。

蒙德里安的格子画变身为班级主题墙的背景,成为消火栓的外衣,成为多功能厅墙裙的装饰,出现在走廊、楼梯转角等;走进幼儿园便能看见悬挂的布上有青花瓷的图案,让幼儿每天上下学的途中感受青花瓷的特征;走廊的作品区有莫奈的《睡莲》、吴冠中的《春如线》,使幼儿置身其中;楼梯转角处是"波点奶奶"的大南瓜。经典艺术在环境中的呈现,让幼儿每天都浸染在良好的美育氛围中。

2. 情境创设法

情境创设法可以激发幼儿的思维活力,激活幼儿的创造能力以及外显幼儿的个性张力,有效激发幼儿参与创美教育活动的兴趣,增强幼儿主动学习的情感,增加幼儿的多种体验和联想。一是生活情境。遵循幼儿"玩中学"的学习特点,注重在幼儿园日常生活中创设情境,引导幼儿进行创美教育活动。在"认识标识"活动中,教师鼓励幼儿为班级设计制作"节约用水""安静入睡"等标识,然后让幼儿评选一幅最佳作品,贴在相应的地方,以提醒大家共同遵守。二是节日情境。节日装饰是幼儿大展身手的好时机,一把剪刀、几张彩纸就可以在幼儿的手中转动、跳跃着,于是彩带、拉花、窗花等呈现在大家面前。幼儿在自己布置的环境中去庆祝自己的节日,体验到别样的创造乐趣。

（二）互融策略

互融策略是指多元化主体交互、信息双向交流、角色互相依赖的特殊性质，通过整合各类资源，融合多种教育方式，促进幼儿全面发展的方法，强调打破时空局限，汇聚人力资源，拓展课程资源，构建开放的教育生态。

1. 资源整合法

联结时间与空间，拓展与联结教育资源，让教育的张力前所未有地得以延展，整合人力资源，拓展活动资源，让活动不断找到新的增长点。活动面向的不仅是幼儿，在建构创美教育活动的过程中，将幼儿、教师、家长、社区以及其他关注教育的个体都参与到教育发展中来，联结幼儿的生活场、游戏场，合作形成活动创新的共同体和教育发展的共同体，开放、民主、共享、共建的理念将为创美教育活动注入活力，帮助活动动态生长。将周边资源纳入活动中，如利用周边公园资源开展田野创美教育活动、亲子运动会，走进社区开展远足活动，走进居委进行创美早教活动等，以此来丰富创美教育活动内容。

2. 主题建构法

以主题为线索，以儿童为中心，以经验为基础，引导幼儿多元表现周围的生活世界，创造性地再现生活经验，激发幼儿的表达欲。主题活动与创美教育活动形成了相辅相成的关系，主题活动为创美教育活动奠定了充沛的认知基础，创美教育活动让幼儿充分地展现了对主题内容的了解和认知，同时为幼儿的表现提供了充分的再创造的机会和条件。结合"我们的城市""春夏秋冬""有用的植物"等主题活动，开展"金山的民间艺术""金山旅游图""金山明信片"等亲子创美教育活动，开展"制作南瓜饼""金山方糕""有趣的陶泥"等自然创美教育活动，开展"稻田的故事""柿子熟了"等田野创美教育活动。

3. 家园互动法

家庭和幼儿园之间的良好互动，能为幼儿构建更加适合成长和发展的一体化环境，为幼儿的未来发展奠定坚实的基础。家园互动法是指在创美教育活动实施过程中充分利用家长资源，在园内外开展亲子研学、亲子创作等亲子创美教育活动，从而丰富与扩展幼儿的认知经验。一方面邀请家长助教团成员来园组织"金山农民画"等美术欣赏活动,另一方面鼓励家长利用自身优势特长,带领幼儿参观画展、手工编织等活动。例如幼儿在园通过区域活动的跟进,初步学会了竹篾的编织方式。通过横向竖向的编织形成网状模样,并引导幼儿对竹网进行装饰。但幼儿也提出了小疑问:竹网边上的竹篾戳出来了,会有点刺刺的,我们应该怎么办呢?于是继续将活动延伸到亲子合作环节,引导幼儿将竹网拿回家,和家人动动脑筋想一想,用什么办法包边,让竹网更好地使用和保存呢?(包布边、用彩泥封口,等等)然后等到第二天到幼儿园可以和其他幼儿一起分享交流,进行经验共享,丰富幼儿的认知。

(三)体验策略

体验策略是指从多维度为幼儿构建深度的创美体验,让幼儿在实践中深度感知美、创造美,凭借在直接操作、亲身体验中积累审美经验,激发创造灵感。在多维度体验中深化对美的理解,全方位提升幼儿创美素养。

1.多维体验法

多维体验法是一种以幼儿为中心的实施策略。多维体验活动的开展,为幼儿营造真实的学习场、游戏场和表现场,让幼儿主动地去参与,在与环境和他人交互作用的过程中获得经验,使幼儿认知、情感和身体各个方面的发展相互支持、相互增强,从而获得新的经验和知识,形成积极主动的学习态度,而不是被动地去接受或旁观客观现实。在活动中,幼儿自由开放、热情积极,真正地实现自我的深度学习。

在幼儿园的沙池活动中,堆沙堡是幼儿最喜欢的活动。基于幼儿的兴趣,教师充分利用本土优质的天然资源——金山城市沙滩,开展亲子创美教育活动。幼儿拿着小桶、小铲子等沙滩玩具,在沙滩上和爸爸妈妈、同伴一起进行沙雕大赛。用沙子和各种工具创作了各种形状的沙雕,"万里长城""美丽家园""家乡特产""保卫城堡""乐乐动物园"等。在这个过程中,幼儿收集了成功堆出沙雕的方法,并且大胆表现自己的创作。

2.实地参观法

充分利用周边资源,挖掘其教育潜力,以儿童为中心,以实践体验的方式开展创美教育活动,注重幼儿亲身体验和实地感受。结合幼儿年龄特点和兴趣需求,筛选适宜的实践场所,与幼儿共同体验和经历。结合创美教育活动需求,组织幼儿到大自然或社会特定的场所观察,接触客观事物或现象,丰富生活经验,如与幼儿一起走进博物馆、美术馆、艺术家作坊等地参观体验,走进农田、公园、水库等地感知发现。

秋天,是个美丽的季节,也是稻谷飘香的季节。在这个处处蕴含着教育契机的季节里,为了开阔幼儿视野,让他们与大自然亲密接触,感受大自然的奇妙,开展"稻田里的秘密"体验活动。由老师带领幼儿走进了水稻田进行实地参观,通过观察水稻的颜色、形态等感受秋天之美,通过收割稻谷感受丰收之美。

3. 自然体验法

陈鹤琴先生主张让幼儿"多到大自然中去直接学习,获取直接经验"。《3~6岁儿童学习与发展指南》中指出,幼儿艺术领域的学习关键在于充分创造条件和机会,让幼儿在大自然和社会文化生活中萌发对美的感受和体验,丰富其想象力和创造力,引导幼儿学会用心灵去感受和发现美,用自己的方式去表现和创造美。

在进行户外活动过程中,悦悦惊喜地发现小草把她的衣服染上了绿色。"对啊,这是大自然馈赠的宝贵'颜料'啊!""绿颜色哪里来的呢?"教师及时进行了追问。"是小草的汁液!""还有什么材料可以染色呢?快去找一找吧!"随着教师的发问,幼儿分散在草地、果园的角角落落……"老师,花瓣可以!""我记得火龙果也可以!""还有什么呢?""老师,草地上的野花小小的,但是也能染色呢!"……幼儿从平凡的生活中寻找美、发现美,不仅自主寻找游戏需要的材料,还能尝试将大自然中的各种材料创新组合,赋予材料不同的功能,在积极探究的过程中创造新内容。

(四)驱动策略

驱动策略是指一系列激发幼儿积极参与、深度投入创美教育活动的方法体系。运用多样化教育手段,赋予幼儿自主创美的权利,激发幼儿主动参与创美教育活动的热情,提升其审美与创造能力。

1. 自主探索法

创美教育活动始终将幼儿置于核心位置,鼓励幼儿积极主动参与内容、想象、表达个人感受,引导幼儿通过视觉、听觉、触觉、动作及语言等多通道感知事物,理解事与事、物与物之间的关系,产生积极表现的欲望,并自主运用美术工具与材料进行创作,大胆发挥自己的想象力和创造力。通过"观察体验—内化建构—表现创造"的循环往复实现螺旋提升,每一次的观察体验都为幼儿的内心世界增添新的色彩和认知,他们将这些感知内化为自己的知识和情感体系,进而通过各种形式表现创造,促使他们更加深入地去感知周围的世界,不断提升幼儿的创美能力和综合素养。

"光与影"活动中,聚焦幼儿审美经验发展,从环境、心理、材料、家园协同等维度思考支架,通过一系列的驱动问题引发幼儿探索、思考、讨论,幼儿在与周围环境作用的过程中,逐步构建起光与影的知识经验,感受光影的奇妙。

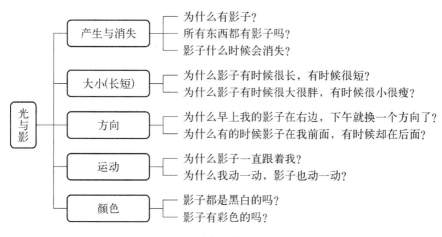

图4-3-3　"光与影"活动探究支架

2. 合作探究法

幼儿结伴通过小组合作形式探究,在共同讨论问题、分享经验中相互启发。合作探究为幼儿提高了较高的自由度,能够充分激活他们的个体,有足够的自主体验空间,学习兴趣得到有效激发,思维得到有效拓展。在感受、观察、体验、表现中倾听同伴给予的建议、评价等,并通过协商找到解决的办法。幼儿不再受限于传统的学习模式,而是作为学习的主人,主宰着自己的探索方向，有足够的自主体验空间，意味着他们可以亲手触摸、亲身感受、亲自实践。中大班的幼儿凭借着逐渐丰富的经验和较强的合作能力，能够更加深入地围绕一个主题进行创作。

在"植物印染"活动中，幼儿分工协作将石榴剥皮、煮烂、过滤，接着一起探索如何捆绑，在接连不断的困难中，幼儿一起想办法解决问题，最后完成作品。幼儿不仅获得了一件自然味道的衣服，更多的是合作带来的成就感。

3.个性创造法

充分尊重个体差异，让幼儿发挥自身独有的想法、情感、审美观念等进行创作。它强调摆脱标准化、模式化的创作框架，鼓励幼儿挖掘自己内心深处的创意源泉。这意味着幼儿可以从自己的兴趣爱好、生活经历、奇思妙想出发，将个人的性格特点融入创美教育活动中。比如在色彩运用上，有的幼儿喜欢用对比强烈的色彩展现活力，有的偏爱柔和色调体现宁静。在造型设计方面，也会根据自己的想象塑造出别具一格的形态，从而让作品带有强烈的个人特色。

在活动中，幼儿运用各种材料构建家园。有的幼儿用彩色卡纸剪出怪异形状的房子，以棉花球做云朵、亮片做星星；有的幼儿用废旧纸盒搭建出多层城堡式家园，还在周围用黏土捏出各种小动物；还有的幼儿以手指颜料肆意涂抹背景，再用树枝和树叶拼贴出抽象的花园。每名幼儿都按自己的想象与审美，不拘一格地创作，展现出独一无二的"梦幻家园"。

（五）衍生策略

衍生策略是指在基础创美教育活动之上，拓展教育深度与广度，促进幼儿全面发展的方法，不仅注重课程内容的拓展延伸，更需要关注幼儿兴趣的迁移与能力的深化，满足幼儿的成就感，激发幼儿的创作热情，推动创美教育活动的良性循环与持续发展。

1.发散思维法

发散思维是一种极其重要的思维方式，也是创造力的源泉。每名幼儿脑海里都有很多想法，引导幼儿体验多元的活动，多角度进行观察，在探究性学习中与同伴合作碰撞中激发思维，不拘泥于某种表现形式。多角度观察则为发散思维的激发提供了丰富的素材，鼓励幼儿观察同一事物在不同时间、不同环境下的变化。比如观察一颗种子从萌芽到生长的过程,或是观察天空中云彩在一天内不同时刻的形状与色彩变化。还可以引导幼儿对比不同植物的叶子形状、不同建筑的风格特点等。通过这样细致入微且多元的观察方式,幼儿们能够积累丰富的感性认知,为思维的发散奠定坚实基础。同时在轻松互动的氛围中,通过投放丰富的材料、多欣赏艺术作品等手段开阔幼儿的思维。

"草地上的木头人"活动,幼儿用不规则纸板组合成形态各异的"木头人",再加以树枝、麻绳、松果、瓶盖、丝带、颜料等美化"木头人",每一个都是独一无二的,充分发挥了幼儿的想象力。

2. 动态生成法

创美教育活动内容的另一个来源可以是近阶段幼儿游戏、生活中的热点或兴趣点或问题。这一来源为创美教育活动注入了鲜活且极具吸引力的元素。幼儿在创美实施过程中常常展现出独特的关注点和创意火花,通过观察幼儿参与创美教育活动的情况,教师及时从中捕捉识别可生发创美教育活动的点,这种创美教育活动内容是由教师和幼儿共同生成的。教师在这个过程中扮演着关键角色,依据专业知识和经验,凭借敏锐的观察力,精准地捕捉到这些珍贵的瞬间和可挖掘的点,通过对幼儿的行为表现进行分析,将幼儿的兴趣点进行拓展深化。而幼儿则凭借自身的直觉、好奇心和创造力,为活动提供原始素材和灵感,积极分享自己的想法,教师给予支持和启发,两者相互配合、相互促进,共同构建出丰富多彩、富有创意的创美教育活动内容。一次,幼儿在与树叶游戏时,一名幼儿突发奇想提议做一串树叶风铃,他的想法得到了同伴的大力响应,于是"树叶风铃"的活动就这样应运而生了,记录并留下了秋天不同的美。

第四节 幼儿园创美教育活动的评价

全面落实中共中央、国务院《深化新时代教育评价改革总体方案》和《幼儿园保育教育质量评估指南》,坚持以习近平新时代中国特色社会主义思想为指导,全面贯彻党的教育方针,积极推进评价改革,培养德智体美劳全面发展的新时代人才。《幼儿园保育教育质量评估指南》要求充分发挥评估的引导、诊断、改进和激励功能,注重过程性、发展性评估,以促进幼儿身心健康发展为导向,从关注整体到关注个体,注重幼儿发展的整体性、连续性和过程性,坚持育人方向、问题导向、育人为本和以评促建。

一、关注评价的作用

创美教育活动评价既是创美教育活动实施的终点,又是创美教育活动继续发展的起点。创美教育活动评价强调"立足过程,促进发展"的有效评价,可以帮助教师了解创美教育活动实施的成效,便于及时调整创美教育活动实施行为。创美教育活动评价要求多方评价者收集科学的证据链,重参与、重过程,强调评价主体的多元化、评价内容的综合性、评价标准的合理性以及评价方式的多样性,可追随并贯穿整个创美教育活动,与创美教育活动同步,幼儿、教师、家长和园所都能成为评价主体。

二、制定评价具体指标

幼儿园创美教育活动评价的过程是对创美教育活动建设进行正确导向,促进幼儿园创美教育活动园本化的过程,是教师运用专业知识对教育实践分析、调整的过程,也是促进幼儿富有个性发展的过程。我园的创美教育活动评价包括对幼儿的评价、对教师的评价和对创美教育活动的评价。评价方式涉及对日常的活动进行反馈,注重教师自评、组内互评、专家审核、家长参与等多角度、多层面的反思。针对有效性较高的证据,可作为提升创美教育活动的主要参考。

(一)对创美教育活动的评价

鉴于同构的理念,对创美教育活动方案、创美教育活动内容、创美教育活动实施过程和实施效果四部分评价内容进行分析,解构出主要的构成内容。以《3～6岁儿童学习与发展指南》及《上海市学前教育指南》精神为指导,依据诊断性创美教育活动评价为理念,制定了"幼儿创美教育活动评价指标",促进创美教育活动的持续优化。

表4-4-1　创美教育活动适宜性评价指标

评价内容	评价说明	评价方法
活动方案目标	（1）有明确的创美教育活动目标，并与《纲要》目标一致 （2）目标突出对幼儿素质教育的全面性	
活动内容	（1）创美教育活动内容贴近幼儿生活，体现本园特点 （2）内容的选择遵循科学性、趣味性、探索性	
活动实施方案编制	（1）结合本园的社区资源、师幼情况及家长需求，设计和编制幼儿园创美教育活动实施方案 （2）创美教育活动方案编制体现民主性，吸纳全员教师全程参与编制工作 （3）创美教育活动实施方案编制的价值取向正确，彰显幼儿园活动特色 （4）创美教育活动实施方案的框架合理，结构清晰，体现创造性的、个性化的特色 （5）创美教育活动在办园理念基础上呈现动态整合的关系	●由园长、教师、专家等共同参与评价 ●在现场活动与教工访谈中，考察幼儿一日活动安排的科学性与适宜性 ●教师保教计划审阅，并在现场保教活动中考察、验证 ●教工交流、访谈 ●家长访谈、调查问卷 ●研究计划、实施过程管理，定期交流，园长参与指导 ●教师观察记录、案例审阅 ●环境创设检查、评比、交流 ●班级幼儿整体发展水平分析
活动实施	（1）根据创美教育活动要求创设丰富自然的园所环境和班级环境，符合幼儿发展的需要 （2）创美教育活动环境安全、卫生、温馨、自主，关注个别幼儿的需求与差异，给予有效的回应，充分给予幼儿自我服务的体验，提供幼儿积累共同经验的机会 （3）根据年龄特点安排活动时间，提供丰富、多功能、有挑战的场地与材料满足幼儿需求，开发富有野趣的创美教育活动，保证幼儿安全、快乐的活动 （4）活动环境创设和多种材料提供数量充足、种类丰富，确保幼儿园每天的自主活动和自由活动的时间，教师关注幼儿的活动动态，客观分析，并给予有效、恰当的支持、帮助和回应 （5）创美教育活动凸显活动价值，体现二期课改的先进理念，以幼儿的年龄特点、兴	

（续表）

评价内容	评 价 说 明	评价方法
	趣和需要进行内容的选择、方法的运用和师幼的互动,关注个体差异 （6）有效开发和共享家长、社区资源,鼓励家长、社区积极参与创美教育活动,支持幼儿园工作;开展有效的家庭教育指导,形成家园共育合力,共同促进幼儿发展	
活动实效	（1）创美教育活动有理论依据,有过程性评价 （2）形成一套完整的创美教育活动方案 （3）社会、家长对幼儿发展满意 （4）保教质量得到教育行政部门与督导部门的认可	

（二）对幼儿发展的评价

具体指评价内容涉及多项评价指标,如对幼儿的评价不仅注重与创美教育活动目标的对应,更关注幼儿自理能力、适应集体、交往合作等方面,意在全面衡量幼儿的发展状况。按照《上海市幼儿园办园质量评价指南（试行稿）》"3～6岁儿童发展行为观察指引"中"美感与表现"部分对指标进行优化,结合我园创美特色活动的培养目标,对评价指标进行了园本化,分别从"乐美""享美""创美"三个维度进行评价,编制"幼儿创美教育活动——幼儿发展评价指标"。

表4-4-2　幼儿创美教育活动——幼儿发展评价指标

评价对象：幼儿				
领域 ＼ 表现行为		表现行为1	表现行为3	表现行为5	信息采集
乐美	喜欢并感受美	1.1 喜欢观看花草树木、日月星空等大自然中美的事物	1.1 在欣赏自然界和生活环境中美的事物时,关注其色彩、形态等特征	1.1 乐于收集美的物品或向别人介绍所发现的美的事物	● 观察美术欣赏活动中幼儿的行为表现

（续表）

评价对象：幼儿				
领域 表现行为	表现行为1	表现行为3	表现行为5	信息采集
	1.2 喜欢观看绘画、泥塑、剪纸、造型等不同形式的艺术作品	1.2 能专心观看自己喜欢的美术作品，并有模仿和参与的愿望 1.3 愿意参加美术欣赏活动，欣赏艺术作品时能产生相应联想和情绪反应	1.2 喜欢参加创美欣赏活动，能通过表情、动作、语言等表达自己对作品的理解 1.3 积极参加各类艺术活动，对某类活动形式表现出偏爱	● 观察散步郊游等融入大自然的活动中幼儿的行为表现 ● 观察幼儿对美术作品的兴趣
享美 分享并表达美	2.1 愿意用语言表达自己的需要和想法，必要时辅以简单的动作和表情 2.2 喜欢用简单的图画或符号表达一定的意思 2.3 愿意和同伴一起进行创美教育活动	2.1 愿意与他人交流自己感兴趣的美术作品 2.2 能使用较连贯的语言较完整地讲述自己对美术作品的想法 2.3 能用图画和符号表达自己的愿望和想法 2.4 创美教育活动中能尝试与同伴进行合作	2.1 乐于参与讨论问题，能在众人面前表达自己的想法 2.2 能使用常用的形容词等，用连贯、清楚的语言分享自己的美术作品或者对作品的体验，语言较生动 2.3 能用图画和符号表现事物或故事	● 观察幼儿在集体活动及区角活动的行为表现 ● 观察日常各类谈话中幼儿的表达

（续表）

评价对象：幼儿				
领域　　表现行为		表现行为1	表现行为3	表现行为5	信息采集
				2.4 创美教育活动能独立表现，也能与同伴合作表现 2.5 能运用自己制作的艺术作品布置环境、装扮自己和美化生活	
创美	表现并创造美	3.1 喜欢涂涂画画、粘粘贴贴等活动 3.2 能运用简单的线条和色彩大致画出自己喜欢的人或事物	3.1 喜欢运用画、捏泥、折纸等方式表现观察到的事物和自己的想象 3.2 能运用绘画、捏泥、折纸等方式表现观察到的或想象的事物	3.1 乐于运用多种工具、材料或不同的表现手法来表达观察到的事物和自己的感受与想象 3.2 能运用较丰富的色彩、线条、形状以及材质等表现自己观察到的事物及感受	● 观察创美教育活动中幼儿的表现 ● 观察活动中幼儿对于各种美术工具和材料的使用情况 ● 幼儿作品解读

（三）对教师创美教育活动实施的评价

教师个体不再单一地对创美教育活动结果进行评价，可以围绕创美教育活动计划安排、创美教育环境创设和利用、活动设计组织、师幼互动有效性等，利用创美教育活动故事、案例分析，"一对一"倾听等，充分利用循证证据进行自我反思与评价。制定了"幼儿创美教育活动——教师创美教育活动实施评价指标"的评价工具,供教师对活动开展过程进行评价。

表4-4-3　幼儿创美教育活动——教师创美教育活动实施评价指标

评价对象：教师			
评价板块	水 平 描 述		信息采集
	水平1	水平3	水平5	
计划安排	1.1 有创美教育活动计划 1.2 创美教育活动安排能体现动静交替、室内与室外相结合的原则 1.3 能根据季节变化及突发事件调整创美教育活动安排	1.1 根据幼儿年龄特点,结合园所条件等因素,合理安排创美教育活动内容 1.2 创美教育活动安排能体现均衡性,集体活动与个别活动有机结合	1.1 能根据班级实际情况调整创美教育活动时间和内容 1.2 活动安排有序,能给每名幼儿提供多样化的体验 1.3 让幼儿知晓创美教育活动安排或提供讨论创美教育活动安排的机会,能根据幼儿需求适当调整	●创美教育活动安排表 ●教师问卷及访谈
设计与组织	2.1 目标符合幼儿的年龄特点与发展需要 2.2 内容贴近幼儿生活与兴趣 2.3 材料多样化能满足幼儿的需求 2.4 关注场地、材料的安全性;空间布局合理,支持幼儿自由活动与互动 2.5 教师以支持者、引导者的角色参与活动	2.1 目标涵盖审美感知、艺术表现、创造力发展等多维度 2.2 内容融入传统文化、自然元素与在地文化等资源 2.3 材料具有层次性,能保证幼儿个性化表达和表现 2.4 利用生活中的自然材料、可回收材料等,满足幼儿不同形式	2.1 目标具有可操作性和评估性 2.2 内容具有开放性与探索性,能激发幼儿想象力与创造力;能充分给予幼儿探索、创作、分享的时间 2.3 关注幼儿的个体差异,提供差异化指导 2.4 能鼓励幼儿大胆分享自己的作品,并乐意倾听他人观点	●现场观察创美教育活动的组织实施过程 ●创美教育活动方案、记录 ●园长、教师访谈 ●家长访谈及问卷调查

（续表）

评价板块	水平描述			信息采集
	水平1	水平3	水平5	
	2.6 幼儿对活动表现出热情与兴趣 2.7 幼儿能感知活动中的色彩、形状、节奏等美学元素 2.8 能根据幼儿的实际情况灵活调整 2.9 教师能对活动过程与效果客观评价	的活动需要 2.5 创设沉浸式体验环境，激发幼儿的审美感知与想象，提供充足的操作区、展示区等功能性空间 2.6 教师善用问题启发幼儿思考，注重发挥幼儿的自主性 2.7 幼儿能大胆表达对美的感知与理解，有自己独特的想法 2.8 组织幼儿分享创作过程与感受，并帮其梳理经验 2.9 教师能通过分析幼儿作品评估其乐美、享美、创美的发展水平	2.5 观察幼儿的行为表现，能记录活动中的关键事件 2.6 活动中能通过提问、讨论等方式引导幼儿深度探究 2.7 利用数字技术记录幼儿创作过程，与家长分享 2.8 能选取典型案例，进行深度分析与提炼经验 2.9 教师能通过反思与实践，不断提升活动设计与组织能力	
环境与资源	3.1 园所、班级环境安全、卫生，凸显特色 3.2 能利用室内外空间组织幼儿创美教育活动 3.3 创美教育活动玩教具安全，数量能满足幼儿	3.1 室内外空间布局合理，便于开展创美教育活动 3.2 尽可能利用自然、生活中的材料开展创美教育活动，材料具有可操作性	3.1 能根据幼儿活动需要调整空间布局、环境材料等；有幼儿参与共同设计、布置和自主表达的空间 3.2 投放的材料能体现开放性、挑	●现场观察幼儿园环境与美术专用活动室的设置情况 ●美术专用

表头：评价对象：教师

（续表）

评价板块	水 平 描 述			信息采集
	水平1	水平3	水平5	
	创美教育活动的基本需求 3.4 利用信息手段积累园所创美教育活动资源	3.3 材料符合幼儿年龄特点,种类丰富,能适合各类创美教育活动的需要 3.4 环境、材料管理有序、整洁,有标记,便于幼儿取放和使用 3.5 整合家长资源及社区、区域环境与资源开展创美教育活动	战性,支持幼儿有效使用 3.3 在集体和个别创美教育活动中,鼓励幼儿根据自己的意愿探索及运用材料 3.4 有效开发利用社会、自然、信息技术等资源,丰富各类创美教育活动	活动室使用记录等 ●现场观察不同年龄段幼儿在美术专用活动室的活动 ●观察班级环境、墙面、区角活动以及各种材料的投放与呈现 ●观察幼儿创美教育活动现场
师幼互动	4.1 创美教育活动中对幼儿态度亲切,师幼关系良好 4.2 创美教育活动中为幼儿创设与同伴交往的机会 4.3 参与幼儿创美教育活动,展示幼儿作品,并对幼儿的努力予以肯定	4.1 营造宽松、安全的氛围,关注幼儿的情绪变化 4.2 鼓励幼儿主动向同伴、成人表达意愿和需求,寻求帮助与指导 4.3 了解和欣赏幼儿在创美教育活动中获得的作品,肯定其付出的努力,并与幼儿共同分享	4.1 与幼儿建立平等、信任的关系,采用积极双向的、个别化的互动方式,尊重与倾听幼儿想法与需求 4.2 在观察了解幼儿的基础上,分享幼儿创美教育活动过程中的成功、努力、困难、挫折等体验	●现场观察创美教育活动中教师与幼儿的交流互动 ●教师创美教育活动计划、调整情况及观察记录

评价对象：教师

（续表）

评价对象：教师			
评价 板块	水 平 描 述		信 息 采 集
	水平1	水平3	水平5	

评价 板块	水平1	水平3	水平5	信息 采集
	4.4 尊重幼儿,不当着幼儿的面议论幼儿 4.5 关注幼儿创美教育活动中出现的问题并提供适当的帮助和支持	4.4 提供幼儿互动与相互学习的机会,关注并支持同伴间自发的合作 4.5 了解幼儿间的冲突与矛盾,采用符合幼儿年龄的方式引导解决问题	4.3 提供幼儿自发活动的机会,支持幼儿生成及发起的创美教育活动 4.4 关注个体差异,把握参与的时机,在幼儿不同的发展水平上予以支持与帮助 4.5 让幼儿参与解决矛盾的过程,鼓励幼儿陈述冲突,讨论选择解决问题的方法,获得礼仪常识及道德观点	●教师记录的幼儿成长册 ●园长、教师访谈 ●家长访谈及问卷调查
观察与评估	5.1 了解幼儿在创美教育活动中的表现,每学期向家长反馈幼儿的发展情况 5.2 创美教育活动中注意观察幼儿的行为表现,了解原因并做好记录	5.1 体现个别差异的儿童观察记录 5.2 能根据园所或班级需要,有重点地进行观察与记录 5.3 依据《上海市幼儿园办园质量评价指南(试行稿)》中的"3~6岁儿童发展行为观察指引"美感与表现部分,对每名幼儿的发展情况进行分析,定	5.1 全面了解每名幼儿的发展情况,建立幼儿成长档案 5.2 教师、家长共同参与幼儿发展信息的收集与分析 5.3 与幼儿及家长分享观察到的事件或信息,共同讨论并确立下一步的行动 5.4 形成观察习惯,在客观记录的基础上,通过信	●现场观察教师的观察、分析能力 ●教师观察记录 ●园长、教师交流与访谈 ●家长访谈及问卷调查 ●幼儿成长档案册

（续表）

评价板块	水平描述			信息采集
	水平1	水平3	水平5	
		期向家长反馈幼儿的发展情况 5.4 分析幼儿发展行为,作为改进幼儿创美教育活动的重要依据	息化手段,对幼儿发展水平进行定期分析评估,并调整教育行为	
与家长合作	6.1 通过家长会、家长开放日等多种方式,让家长了解创美教育情况 6.2 幼儿出现情绪、行为等特殊情况时,及时与家长沟通	6.1 通过家访、家长开放日等方式,与家长一起分析幼儿"乐美、享美、创美"发展情况,家园教育保持一致 6.2 通过班级家园宣传栏、公众号等形式,向家长介绍幼儿园创美教育活动内容与特点 6.3 鼓励并引导家长参与创美教育 6.4 有针对性地选择典型个案,与家长共同实施创美活动,有改进措施,并听取家长反馈	6.1 与家长共同收集幼儿创美发展的信息,开展幼儿成长情况的评估,形成对幼儿发展的正确理解和期待 6.2 与家长分享科学的创美教育理念,能根据家长的不同需要,开展有针对性的合作与互动 6.3 有效整合家长资源,丰富幼儿创美教育活动内容 6.4 针对幼儿不同的兴趣、能力及需要,制订个性化的创美教育方案,家园共同支持幼儿成长	●幼儿园家园共育资料 ●园长、教职工、家长访谈 ●幼儿园、班级亲子创美教育活动资料

三、丰富评价主体

以评价更新教师教育理念,以评价催生创美教育活动,是提升教育质量的高效手段。教师和幼儿都是创美教育活动的评价主体,同时,邀请学校管理者、家长、专家和社区代表共同参与评价。重视创美教育活动实施的过程性评价与终结性评价数据,注重搜集创美教育活动内容设计、实施、反思等各阶段的证据,同时更关注不同主体的"需求",促进关注幼儿发展全过程的教育评价模式。同时,保证评价方法的多样性,建立幼儿游戏故事书、教师观察故事集、幼儿作品分析、创美教育活动影集等。

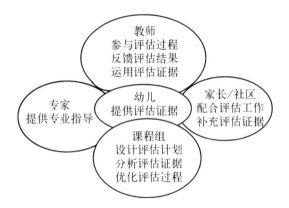

图4-4-1 幼儿创美教育活动多元评价主体

(一)过程性评价——指向个性化发展

课程组在实践过程中,为提升教师的活动设计与实施能力,更好促进幼儿乐美、享美、创美的能力,积极开展过程性评价。过程性评价伴随和贯穿于活动的每一个环节,指向尊重幼儿的个体发展差异,回应其个性化成长、多元化的发展诉求。通过关注"过程"而促进"结果"的提高,将评价的重心落于"过程"。不仅评价教育活动的结果,也评价教育活动的过程;不仅评价幼儿在知识、技能、智力和能力等认知方面的发展,还要评价情感、意志、个性、人格等非认知因素的发展,实现评价从关注整体到关注个体的转变。

1. 幼儿自评——自信表达、悦纳自己

让幼儿成为创美教育活动评价的积极参与者与共同研究者，为幼儿提供投票、绘画表征、小组对话等不同参与评价的形式，呈现幼儿无处不在的活动痕迹，让幼儿在"回应、协商、共同构建"的评价氛围中，大胆表达自己的想法、愿望、计划等，引导幼儿参与评价，让幼儿的声音被听见，让创美教育活动真正实现幼儿所需化。

重视幼儿通过绘画、讲述等方式对自己经历的活动进行表达表征，教师通过对信息进行分析解读，并以此作为幼儿进一步的学习与发展的依据。幼儿以游戏故事的形式记录快乐时刻，教师用欣赏与接纳的视角审视幼儿的行为，用分析和解读破解故事背后的活动意义与价值。引导幼儿对活动进行回顾，聚焦幼儿参与创美教育活动前、中、后，深入探析、找寻每名幼儿的特点及其闪光点。重视幼儿在活动中展现的乐美、享美、创美，强调幼儿所能，聚焦过程中的重点、难点和精彩瞬间，发现幼儿的积极体验，识别幼儿的学习。例如在幼儿搭建树叶水渠的过程中，教师都会组织幼儿或集体或小组进行活动故事分享，通过照片或者活动故事记录的方式，鼓励幼儿在集体前或者同伴面前对于今天的活动经历做出评价。

表4-4-4　幼儿游戏故事：树叶水渠变身记

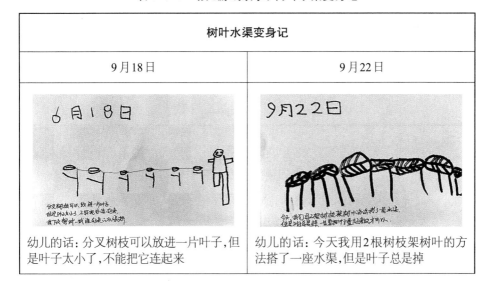

树叶水渠变身记	
9月18日	9月22日
幼儿的话：分叉树枝可以放进一片叶子，但是叶子太小了，不能把它连起来	幼儿的话：今天我用2根树枝架树叶的方法搭了一座水渠，但是叶子总是掉

（续表）

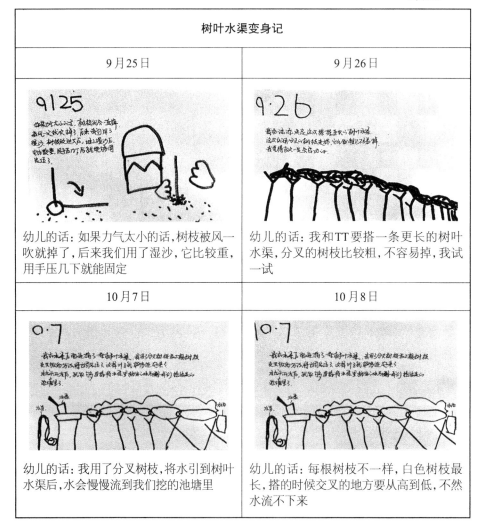

树叶水渠变身记	
9月25日	9月26日
幼儿的话：如果力气太小的话，树枝被风一吹就掉了，后来我们用了湿沙，它比较重，用手压几下就能固定	幼儿的话：我和TT要搭一条更长的树叶水渠，分叉的树枝比较粗，不容易掉，我试一试
10月7日	10月8日
幼儿的话：我用了分叉树枝，将水引到树叶水渠后，水会慢慢流到我们挖的池塘里	幼儿的话：每根树枝不一样，白色树枝最长，搭的时候交叉的地方要从高到低，不然水流不下来

通过倾听了解幼儿的需求、问题，发现幼儿在自然中探索、学习，与大自然建立亲密的联系，动手动脑寻找问题的答案，获得丰富的探究体验，感受自然力量的同时，提升对美的体验与感知，满足幼儿自主探索、自发学习、自然成长。

2. 多方共评——真实倾听，搜集证据

加强幼儿、教师、学校的自评和互评，倾听家长和社会对教师、学校教育教学活动的评价和呼声，畅通多方面信息反馈的渠道，使评价真正成为教师、管理者、幼儿、家长、专业人士共同参与的交互活动。

（1）同伴互评

同伴评价为幼儿经历体验、共享经验、相互支持提供了条件，引导幼儿从"我听"到"我说"的转换，让幼儿的声音"听得见"。同伴评价的价值不只在于引导与激励，还在于诊断与改进。在倾听的同时，也在梳理问题、观照他人、审视自我、重塑自身行为，不仅促进幼儿对创美教育活动的兴趣和积极性，还提升幼儿的情感体验和表达表现。同伴评价主要以两两互评、小组互评和自由结伴合作共评三种方式展开。在"稻田写生"活动后，幼儿将作品带到了幼儿园进行展示。在自由活动时间，幼儿三五成群结伴欣赏、讨论，发表自己的感受与想法。在与同伴交流的过程中，倾听同伴不一样的想法、不一样的思考角度和表现方式，同伴间的智慧互动促使幼儿更关注自我的成长。

（2）教师评价

以往轻实证的评价模式难以切实关注教师的投入，为了便于教师更有目的性观察和识别幼儿的活动，教师可以结合创美教育活动观察记录表，对幼儿的活动进行记录，并结合"观察评价"小程序进行及时的记录，也便于后期的复盘分析，以实现评价依据由经验到证据。

- 观察创美教育活动记录式评价

创美教育活动中，每位教师都会以视频、照片等形式记录幼儿活动的实然状态，有利于复盘幼儿活动的过程，看见困难和挑战，分析认知经验。伴随"定点（定人）观察""持续观察"逐步深入，越来越多的教师惊喜自己看见了许多以前想不到、体会不到、触动不了内心的过程，促进情不自禁传递出对幼儿的欣赏与宽容。与幼儿同频，助力教师追随幼儿的兴趣，逐步走出书本上笼统的儿童群体印象，走向真实情境中鲜活的、独一无二的个体。

表4-4-5 幼儿创美教育活动观察记录表示例

幼儿创美教育活动观察记录表	
观察对象：芸汐	时间：2023.11.8
标题：悦园——植物色素	

（续表）

内容：
　　孩子们将自己用植物色素染布的作品展示在悦园中，并邀请老师和其他幼儿一起来玩一玩，看一看。

图1　芸汐向哥哥介绍作品

　　芸汐向大班哥哥介绍着自己用植物色素染的布，说道："这是我用菠菜里的色素染的布，所以是绿色的。这个紫色花纹是用紫甘蓝的色素染的。""那这些色素是哪里来的？你们买的吗？"大班哥哥问道。"不是，是我们自己用很多工具提取出来的。"弘毅连忙拉着哥哥来到了他们的工具桌旁。"哇！好像很好玩，我也想试试。"哥哥跃跃欲试。"好呀！我们可以教你呀！我们可以用提取出来的植物色素画画、染布，还可以直接把植物的颜色敲在布上，也很好看的。"芸汐说完便立刻拉着大班的哥哥姐姐开始提取植物色素了。

图2　芸汐用石臼捣菠菜

　　孩子们的玩"色"奇妙馆吸引了很多的幼儿和老师，大家在玩"色"奇妙馆中体验到了植物色素的神奇之处，也感受到了大自然的美妙和无限可能。

| 解读分析 | 在幼儿初次自己主动尝试提取植物色素时，幼儿通过搓、捏、敲等方式，观察植物色素在手上的变化，表现出了对植物色素的好奇心和探索精神。经过幼儿游戏经验的积累，他们会使用石臼、石磨等工具主动去探索，提取自己感兴趣的植物的色素，表现出了较强的动手能力和实践精神。 |

（续表）

跟进支持	1. 鹰架支持,助推经验建构。引导幼儿观察植物的颜色、形状、质地等特征,以及各种工具的使用方法。基于幼儿在不同阶段未提取到植物色素的困难,帮助他们分析问题产生的原因,并提供解决问题的方法和建议,如组织开展集体教学活动"提取植物色素",帮助幼儿更好地理解不同植物与不同工具之间的关系。 2. 创造展示空间,协助组织展览。教师可以在小菜园内为幼儿设立专门的展示植物色素相关作品的区域,让幼儿有机会在正式的场合展示他们的作品。通过展览,幼儿能够向其他幼儿及老师展示他们的成果,并获得更多的反馈和认可。 3. 给予积极反馈,激励幼儿创作。对幼儿展示的利用植物色素完成的作品以及与他人分享的行为给予积极的反馈,欣赏幼儿的作品,鼓励幼儿的行为,肯定他们的努力和创意,增强幼儿的自信心和动力。

* 标题:参考事件涉及的区域、活动名称。
* 内容:客观描述儿童的语言、动作、行为、表情等事件发生的过程(文字说明+活动照片)。
* 跟进支持:策略体现多元性、具体可行性(如师幼互动、环境、材料调整、活动预设等)。

在持续探究的过程中,教师发现有效的支持和回应离不开持续性的观察和客观全面记录幼儿表现行为的工具,观察幼儿行为、解读幼儿行为、识别幼儿的发展需求能搭建促进幼儿发展的支架。观察评价幼儿的活动行为或者过程,是最常用的评价方法,尤其在幼儿主动学习的情景下,教师作为一个观察者,记录幼儿的表现行为,体验到基于实证能够更全面、更真实地了解幼儿,感受带着"好奇"去观察能看到幼儿更多的精彩,提升了教师主动观察的意愿和积极性。

● 作品欣赏式评价——成果保留,有依可循

"作品"因其可视化特性更易受到关注,作品欣赏分析式评价主要发生在创美教育活动结束阶段,聚焦于作品特色分享。即使是同一个主题,幼儿的想法也是千奇百怪的,整个过程是幼儿发挥自主探究力的过程,是幼儿体验想象力的过程,是幼儿释放创造力的过程。师幼,甚至是与家长共同欣赏、感受、分享不同的创美作品。

表4-4-6 幼儿作品解读评价记录表——以"悦童创美室活动"为例

幼儿作品解读	
幼儿姓名	诺一
班级	金悦部大五班
地点	悦童创美室——陶土
作品名称	小房子
作品照片	
幼儿的话	这是我做的房子,为了防止下雨,我在这里做了屋檐,这个门还是指纹锁的呢,所以它又牢固又安全。
老师的话	诺一在美工室里用陶土制作出新颖的房子,并能够联想它的用途,这么简单的活动却能启发幼儿的创造性思维和想象力,培养幼儿一种终身受用的高尚志趣,让幼儿开始懂得美,开始喜欢艺术,感受到陶艺的魅力。
家长的话	诺一对陶土、黏土一直都很感兴趣,他能把房子的特征做出来并能说出它的重点,真的是很棒!看来平时生活中还是要多看多学才会积累更多的经验。

(3)家长及社区评价

家长也是评估证据的参与者,基于家长共同参与,搭建家长参与创美教育活动评价的平台。一方面,通过正式评价,如座谈会、对话式交流、个别访谈等开展交流沟通。另一方面,通过问卷星、公众号等便捷的交互平台让家长随时随地参与评价。在进行家长评价及社会评价中,为其搭建相应的平台。每学期初,教师通过召开家委会会议、家长会等形式,向家长解读园部的创美教育活动方案,以共议、共商的方式就创美教育活动内容的建构、实施方式、活动目标等内容进行沟通。通过问卷星等方式收集家长的评价反馈,便于教师做出回应和调整。

邀请专家、家长、社区代表等参与创美教育活动评价,定期将幼儿创美作品反馈给家长或进行展览,请家长与社区代表参观评价,从而加强社会、家长、幼儿园以及幼儿之间的互动。社区评价则结合创美教育活动,也可以鼓励幼儿参与社会上举办的各类活动,共画高质量亲子教育的"同心圆"。

（二）终结性评价——实现经验迭代

促进幼儿发展的评价不仅需要过程性的评价,更需要终结性的结果评价。评价的发展性与可持续性需要既要有材料的经验性证据,更要有数据为主的科学性证据,创美教育活动实施结束后对幼儿的发展水平进行评估,对汇集的数据进行处理与分析,通过真实有效的精准评估为创美教育活动实施提质增效提供内在动力。

为促进创美教育活动的科学生长,常态化开展创美教育活动审议,主要基于证据、数据进行商讨共议,探索优化的方法,汇集评价共同体的智慧,遵循证据对创美教育活动进行进一步的重构和优化。

四、创美教育活动的成效

（一）有效发展了幼儿乐美、享美、创美的多元能力,不断激荡审美情趣的内生力

1. 幼儿发展量的分析

本研究在幼儿园中选取了小、中、大年龄段各一个实验班25名幼儿,对照班25名幼儿,在研究前、中、后进行比较,引导他们在真实情境中运用多感官通道感知、发现、联结,诱发幼儿的兴趣、想象、情感等,发现每一名幼儿都拥有着无穷的想象力、创造力、美的艺术表现力。对照幼儿发展指标（表4-4-2）,对幼儿从"乐美""享美""创美"三个方面的发展共进行了三次评估,由低到高1～5分进行评分,使用SPSS 27.0软件对数据进行分析,力求获得展现本研究幼儿发展的全面评价。数据如表4-4-7：

表4-4-7　实验班与对照班各25名小班幼儿发展水平平均数比较

	乐　美			享　美			创　美		
	前测 （2021.6）	中测 （2023.1）	后测 （2024.6）	前测 （2021.6）	中测 （2023.1）	后测 （2024.6）	前测 （2021.6）	中测 （2023.1）	后测 （2024.6）
实验班	1.24± 0.436	1.88± 0.332	2.84± 0.374	1.20± 0.408	1.88± 0.332	2.76± 0.436	1.08± 0.277	1.72± 0.458	2.64± 0.490
对照班	1.28± 0.458	1.48± 0.510	2.08± 0.277	1.16± 0.374	1.28± 0.458	1.92± 0.277	1.16± 0.374	1.32± 0.476	1.64± 0.490
P	0.753	0.002	0.001	0.723	＜0.001	＜0.001	0.782	0.004	0.001
T	0.530	＜0.001	0.014	0.472	0.005	0.002	0.084	0.012	0.001

从表4-4-7结果可见，实验班与对照班的小班幼儿第一次进行"乐美、享美、创美"三种能力评估时幼儿的均值接近，P＞0.05，发展无显著差异；第二次进行评估时，通过数据显示，幼儿在"享美"方面的变化较大，P＜0.01，实验班与对照班小班幼儿在享美方面开始发生显著差异；第三次的评估实验班小班幼儿均值达到2.5以上，高于对照班0.8～1分，"乐美、创美"的P值是0.001，"享美"P值＜0.001，则说明教师为幼儿创造充分的条件和机会，萌发幼儿对美的感受和体验，从而获得初步的、个体的美感体验，在美的熏陶中激发幼儿的审美情趣，体现了创美教育活动对于幼儿的成长意义。

表4-4-8　实验班与对照班各25名中班幼儿发展水平平均数比较

	乐　美			享　美			创　美		
	前测 （2021.6）	中测 （2023.1）	后测 （2024.6）	前测 （2021.6）	中测 （2023.1）	后测 （2024.6）	前测 （2021.6）	中测 （2023.1）	后测 （2024.6）
实验班	2.08± 0.493	2.68± 0.476	3.36± 0.490	1.92± 0.493	2.60± 0.500	3.24± 0.436	1.76± 0.523	2.40± 0.500	3.24± 0.436
对照班	2.12± 0.440	2.28± 0.458	2.68± 0.557	1.96± 0.455	2.20± 0.408	2.60± 0.500	1.88± 0.440	2.04± 0.351	2.44± 0.583
P	0.763	0.004	＜0.001	0.767	0.003	0.001	0.384	0.005	＜0.001
T	0.901	0.054	0.002	0.565	0.004	0.024	0.110	0.013	＜0.001

从表4-4-8数据结果可见,实验班与对照班的中班幼儿在第一次评估时,"乐美、享美"发展均值相近,在2分左右,"创美"略低,通过富有趣味的环境激发中班幼儿的好奇心和探究欲,促使他们主动地感知体验;第二次评估发现,实验班幼儿"享美"和"创美"提升幅度明显,说明幼儿在一定的情境中更敢于表达自己的想法;最后一次评估时,实验班幼儿"乐美、享美、创美"均值大幅度提升,发展均值均在3.2分以上,远高于对照班,充分说明感受美是幼儿认识自我与世界的主要途径,丰富的社会资源及有目的的创美教育活动对幼儿发展有着重要意义,幼儿的体验会丰富,进一步促进幼儿的审美情趣、创造力、想象力、表现力等能力的发展。

表4-4-9　实验班与对照班各25名大班幼儿发展水平平均数比较

	乐　美			享　美			创　美		
	前测 (2021.6)	中测 (2023.1)	后测 (2024.6)	前测 (2021.6)	中测 (2023.1)	后测 (2024.6)	前测 (2021.6)	中测 (2023.1)	后测 (2024.6)
实验班	2.80±0.408	3.60±0.500	4.44±0.651	2.60±0.500	3.16±0.374	4.24±0.436	2.52±0.510	3.12±0.332	4.20±0.408
对照班	2.88±0.332	3.00±0.200	3.80±0.476	2.88±0.408	3.00±0.277	3.52±0.510	2.56±0.507	2.76±0.436	3.48±0.510
P	0.451	<0.001	<0.001	0.128	0.038	<0.001	0.782	0.002	<0.001
T	0.128	<0.001	<0.001	0.104	0.075	0.004	0.620	<0.001	<0.001

从表4-4-9结果可见,实验班与对照班的大班幼儿在第一次评价时,对照班幼儿的"乐美"水平略高于实验班,"享美、创美"均值都在4.6左右。通过参与创美教育活动后大班幼儿在第二次评估时,实验班幼儿"乐美"发展水平反超对照班幼儿,"享美"和"创美"提升幅度相近,达到了5.4,说明通过自主实践与探索让大班幼儿更乐于感受美、分享美、创造美,能大胆表现对活动的欣赏、感受、体验与创作。最后一次评估时,实验班幼儿"乐美、享美、创美"三方面大幅度提升,发展均值超过了4分,远高于对照班,特别是"创美",实验班创美的提升比率远高于"乐美"与"享美",幼儿从体验生发创造,在实践中敢于去发现去感知一切美的事物,享受生活之美、艺术之美,积极主动地

发挥想象创造美,从而真正拥有创造美的能力。

表4-4-10　实验班与对照班总共75名幼儿发展水平平均数比较

	乐　美			享　美			创　美		
	前测 (2021.6)	中测 (2023.1)	后测 (2024.6)	前测 (2021.6)	中测 (2023.1)	后测 (2024.6)	前测 (2021.6)	中测 (2023.1)	后测 (2024.6)
实验班	2.04± 0.779	2.69± 0.870	3.55± 0.843	1.91± 0.738	2.49± 0.742	3.41± 0.755	1.79± 0.741	2.37± 0.767	3.36± 0.782
对照班	2.09± 0.774	2.31± 0.677	2.87± 0.844	1.97± 0.788	2.19± 0.766	2.68± 0.791	1.87± 0.723	2.07± 0.704	2.52± 0.921
P	0.675	0.003	<0.001	0.021	0.014	<0.001	0.504	0.012	<0.001
T	0.850	0.018	0.209	0.575	0.954	0.630	0.439	0.042	0.062

从表4-4-10结果可知,通过评估幼儿"乐美、享美、创美",实验班75名幼儿前测与对照班75名幼儿的前测数据均值接近,基本无差异,P＞0.05,则证明在研究初期幼儿发展无显著差异,具有可比性。

中测数据显示,实验班幼儿发展均值高于对照班,"乐美、享美、创美"的P＜0.05,则说明幼儿通过参与一段时间的创美教育活动后,发展差异逐渐显现,乐意分享美、展示对美的表现及创造。

后测数据显示,实验班通过创美教育活动均值显著大于对照班,均值P＜0.001,说明实验组与对照组存在明显的发展差异,幼儿在"乐美、享美、创美"方面显著性都有了显著成效,尤其是幼儿创美能力的发展极为显著,充分说明在活动的设计实施中,环境对幼儿审美素养的发展具有潜移默化的影响。教师充分考虑幼儿的发展需要,关注幼儿的个体差异,不断丰富教育活动资源,基于创美教育活动的独特性用多样化的教学方法和手段激发幼儿的兴趣和积极性,在主动学习中体验自我价值。同时基于证据倒逼教师反思,优化实践,充分关照幼儿鲜活而旺盛的生命力,夯实教师作为联结幼儿与创美教育活动的纽带,将幼儿视为他们自己学习与发展的积极参与者,实现幼儿经验与活动经验的相融共生。审美素养发展最终指向的是能够在现实生活中感受美,能够运用审美、艺术的知识和技能美化生活,提升生活情趣、陶冶情操,创造性地解决问题。

2. 幼儿发展质的解析

(1)充分呵护幼儿自主表达的权利,支持幼儿分享对美的理解

创美教育活动实施中,教师以符合幼儿身心发展规律的学习方式和多元化的活动内容唤起了幼儿的已有生活经验,激发了幼儿内在的审美情趣,让幼儿在美的情境与感受中从"被动学习"走向"主动学习"。幼儿审美经验的获得一定遵循自我审美经验建构的规律,教师要善用、巧用古今中外的艺术经典,使幼儿获得熏陶,听得见"美",看得见"美",闻得到"美",积累健康、丰富、敏锐的审美意识,初步形成审美素养。

(2)珍视理解幼儿独特的学习方式,支持幼儿创造对美的想象

创美教育活动是基于幼儿自主性、主动性的活动形态,以幼儿为中心,从幼儿出发进行活动,进而提高幼儿在活动中的参与性、积极性、创造性。想象力和好奇心是幼儿进行尝试的内在动力,在各类创美教育活动中,教师投放丰富的低结构材料,持开放的态度引导幼儿探索新事物,幼儿的兴趣与需求被充分尊重,幼儿有充裕的时间去发现、去探索。幼儿的各种经验源于他们与环境之间的交互作用,这种经验的来源是真实的、直接的。经验越是贴合幼儿的现实生活,越能帮助幼儿通过各种感官体验积累经验,并再现于日后的表达中;只有完整的、真实的、自我满足的过程,才能唤起幼儿表达的欲望,在与同伴对话、互动和交流中,获得新的经验和启发。

(二)有效提升了教师活动重构、实施、循证的能力,不断增强持续发展的内驱力

1. 萌发了创美教育活动意识的回归与重建,从传统教学走向实践创新

越来越多的教师致力于以幼儿的视角去理解艺术教育,将艺术的体验与表达融于一日生活的各个环节。如:教师们在运动游戏和生活中去寻找"美"的契机,鼓励幼儿发挥创意,以发掘更多的精彩时刻。鼓励教师将基于活动实践的鲜活发现进一步提炼成为支持幼儿有意义的学习"主张",在反复咀嚼和深度思考中,让自己的行动从一种偶然的下意识做法,转变为有意的行为。经过一系列的探索与实践,教师对此达成了无言的共识,找到幼儿的主体地位,自觉地利用多种方式倾听和观察幼儿,而不是想当然地以经验主观

判断幼儿；教师会探索幼儿行为的内在原因，并给予鼓励或帮助，从内心尊重幼儿，鼓励幼儿进行感知、想象与创造，让创美教育活动真正从"基于经验"转向"意义驱动"，提升教师的活动的敏感度与执行力。在创美教育活动实践中，教师能鼓励幼儿以主人翁的身份进入真实的生活环境，主动寻求各种途径、尝试各种方法、整合多种资源来支持活动的顺利实施，不断提升主动意识和专业能力，让幼儿在一个个精彩的创美教育活动中拓展表达经验，提升艺术审美。

2. 提升了创美教育活动内容的融合与创生，从主观臆断走向观察倾听

观察不仅是了解幼儿学习与发展水平的重要途径，更是评价、改进和提升幼儿园保教质量的突破口。在创美教育活动循证的过程中，通过活动领导小组与教师根据幼儿兴趣生长，对创美教育活动的不断摸索与创生，从创生，到实施，再到观察、分析与评价，不断优化创美教育活动方案，助推活动结构的平衡。教师获得了超越活动本身的整体架构、实施设计等能力，活动内容的整合思维、活动实施的问题思维、活动评价的关系思维都在不断激发，它们为活动重构框架的建立提供了支架。倾听是为了更好地读懂幼儿，教师以基于幼儿、基于证据的原则，在循环更迭中推进活动实施。教师走近幼儿倾听，走进现场循证，设身处地地理解与接纳幼儿，真切地感知幼儿的独特与个体差异，看见幼儿的真实发展，关注幼儿切实地因为活动的实践而收获幸福与成长，充分发挥教师活动重构和发展中的主动性、积极性与创造性。教师的活动建设意识与活动创生能力也在不断提升，让创美教育活动真正成为一个理解幼儿、对话思维、意义建构的过程。

（三）有效促进了幼儿园创美教育活动的实施与评价能力，不断推动高质量发展的原动力

1. 提升了创美教育活动重构与审议的能力，从成人视角走向儿童立场

要推动幼儿园活动质量不断提升，关键是要推进活动的改革，唤醒和激发幼儿的生命成长。金悦幼儿园有着20年的办园历史，一直以来以幼儿美术领域教育见长，随着教育理念的不断更新，活动组定期开展活动审议，提炼关键问题复盘讨论、对话碰撞，既关注幼儿的整体发展，又融合幼儿的个性发展，优化活动内容，完善活动实践，沉淀教育思考，支持他们积累受益于终生

的学习品质。

创美教育活动区别于以往常规的美术教育，它更强调深化和拓展美育的价值，更好地支持幼儿美术活动的深度发展，从而推动幼儿园的高质量发展。在活动审议的过程中，注重活动内容对幼儿学习与发展的适宜性，教师努力搜寻对幼儿的经验点、兴趣点和需求点，广泛收集与梳理成为重构或优化主题的证据，做好价值判断、合理筛选，对每个年龄段的活动有了更深刻的认识。基于儿童需求、兴趣的活动审议是持续发展、动态重构的过程，以科学的研思理念驱动实践创新，推动活动的持续优化。活动的优化有助于幼儿园进一步调整和优化自身的教育理念、教育目标和教育机制，提升幼儿园教育教学改革的活力，促进幼儿园向高质量发展。

2. 促进了创美教育活动循证的意识与能力，从"经验"评走向"证据"评

树立科学的评价导向，改进评估方式，突出过程评估。通过创美教育活动实践，教师开始转换评价思维，评价贯穿于活动的始终，也渗透在一日活动中，由基于经验的评价转向基于最佳的证据的评价，使评价有迹可循。评价过程中实时记录幼儿活动过程，融入多媒体技术获取幼儿的行为、表情类证据，多维度刻画幼儿的发展轨迹，切实通过评估发现问题和不足，并依据幼儿的发展证据不断进行改进。教师对幼儿发展评价的内驱力显著提升，真正实现为了满足幼儿发展的需求。通过评价，教师的反思意识得到了发展和提升，促进教师将评价过程既能激励幼儿自我反思、自主发展，也能成为促进教师专业发展的有效途径。教师能"看得见儿童"，去发现儿童；教师能"看得清儿童"，去理解儿童，真正在理解幼儿的基础上给予基于证据的行动支持，反哺幼儿发展。

在活动实施的过程，教师也被幼儿看见，这份看见常常使教师被信赖、亲近、呵护。只有通过不断改革和创新，创美教育活动才能够满足当下幼儿的真实需求，才能够助推教师的专业成长和自信。着力发挥全体活动参与者的智慧和积极性，在立足于园情、特色的基础上，整合多样资源进行创美教育活动的完善和优化，生发活动内容、拓展活动实施、丰富活动评价等，在循证实践链中，持续地丰富活动，使创美教育活动更具有生长力。

（四）有效推进了家园社协同育人，不断合力赋能幼儿的成长力

家园社协同育人是建设教育强国的重要要求，是落实立德树人根本任务

的支撑。"教联体"是以幼儿园为核心、以区域为主体、以资源为纽带促进家园社协同共育的方式。创美教育活动的重构不仅是幼儿园的事,也是社区、家庭的事,家、园、社的三方联动,不仅可以汇聚资源,更为幼儿参与创美教育活动、社会实践提供全方位保障,深刻体会到了资源的隐性作用。亲子创美教育活动中,家长亲历陪伴幼儿参与每一个活动,动手体验、大胆创造、自信表达、快乐分享,激发幼儿的创作欲望和审美情趣,让幼儿在家门口就能感受美、欣赏美和创造美。让家长、教师了解幼儿的发展现状,以及环境对其产生的作用,充分感受家长与幼儿在日常生活相互陪伴中所蕴含的显性和隐性的教育价值。园所将继续深挖可利用的资源,努力让每名幼儿浸润在环境和文化中,拓宽幼儿的视野,让创美教育活动"因地制宜"。

第五章 幼儿园创美教育活动的空间创设

创美教育活动推动了幼儿园空间的整体优化,使幼儿园成为涵养审美感知与人文素养的全景式教育生态。通过深入的情境互动、日常环境的美学渗透,让幼儿在不知不觉中受到美的影响。

　　幼儿园创美教育活动的公共空间创设,旨在为幼儿提供一个开放、包容、富有创造力的互动空间。幼儿园物质环境不仅为幼儿提供物质空间,还具有潜在的文化、审美、生活和生态意蕴,是促进幼儿身心全面发展的保障。他们通过直接的感知、实际的操作与亲身的体验,不断建构并完善自身的知识体系,培养起敏锐的美学感知力与独到的艺术表达能力。同时,这一空间也成了家园共育的桥梁,让家长与教师能够共同观察、了解并支持幼儿的成长,携手促进其全面发展。

第一节　幼儿园创美教育活动的公共空间创设

"公共"一词,意味着共有的、大家共享的。在幼儿园中,公共空间特指那些供全体幼儿、教师及家长共同活动的区域,它们构成了幼儿园创美教育活动的重要组成部分。这些空间,如大厅、走廊、楼道等,不仅是幼儿日常生活的必要环境,更是他们自主、自由活动的宝贵场所。

在创美教育活动公共空间中,幼儿可以跨越年龄界限,共同商讨活动内容,携手使用丰富的活动材料,共享广阔的活动空间,并在这一过程中共同建构起宝贵的学习经验。这样的环境设计,旨在充分挖掘和利用幼儿园的空间资源,确保每一名幼儿都能在这里找到属于自己的乐趣和成长机会。

合理规划幼儿园创美教育活动公共空间至关重要。它不仅能够有效减少班级内部环境的重复创设,从而节省资源,还能进一步扩大幼儿在公共区域的活动空间,为他们提供更多的交往和互动机会。在这样的公共环境中,幼儿拥有更多的自主选择权,他们可以自由地选择自己感兴趣的活动,与不同年龄段的伙伴共同探索、学习和成长。

一、幼儿园大厅的环境创设

大厅,作为幼儿园与外界联结的第一道门户,不仅是家长接送幼儿的集散地,更是幼儿初步感知幼儿园氛围的重要空间。一个温馨、富有教育意义且安全卫生的大厅环境,能够有效激发幼儿的好奇心与探索欲,促进他们的社会交往能力和情感发展。

（一）创设原则

1. 教育性：大厅的每一处设计都承载着教育的意义,以促进幼儿发展为目标,使幼儿在与环境的互动中获得知识、技能与情感体验,力求通过色彩、形状、材质等多维度元素,潜移默化地引导幼儿发现美、理解美。同时,根据幼儿的兴趣变化与教育目标,定期更新环境内容,让教育性贯穿始终。通过为幼儿提供一个充满启发性、探索性的环境,支持幼儿对美的感知、想象与创造。

2. 互动性:注重环境的互动性,支持幼儿的主动学习。设置可观察、可触摸、可操作的互动内容,鼓励幼儿与其对话,激发他们对美的探索欲和创造力。互动性的环境不仅支持幼儿的主动体验与探索,也让他们在实践中深化了对美的理解。幼儿在这样的环境中,能够通过亲身体验和动手操作,更加直观地感受到美的存在,从而激发他们的好奇心和探索精神,促进他们全面发展。

3. 艺术性:从艺术视角看幼儿园大厅环境需要注重形式美感、色彩搭配以及创新色彩运用。重视形式美感,如对称、均衡、对比、调和、节奏、韵律、比例、适度、虚实、留白等,保持视觉上的均衡效果。注重色彩搭配的统一协调,避免将各种颜色毫无章法地搭配使用。同一空间内要控制色彩数量,不宜太多,一般情况下,较大面积的色彩控制在五种以内,更有利于形成色调,避免视觉混乱。

4. 整体性:确保每一个设计元素都和谐统一,形成一个完整而协调的视觉效果。从家具的选择到装饰的布局,从色彩的搭配到空间的利用,每一个细节都经过精心考量,以确保整体环境的美观和功能性的平衡。追求的是一个既美观又实用的空间,让幼儿在享受视觉美感的同时,也能感受到空间的舒适和便利。

(二)创设要素

1. 创意展示墙:大厅的巨幅LED背景墙成为大厅的亮点,融合科技感,展示幼儿园活动的精彩瞬间,让家长通过观看进一步了解幼儿园的教育理念和幼儿的丰富活动。这一空间不仅增强了幼儿园的透明度,还激发了幼儿对幼儿园生活的期待与热爱。

2. 艺术启蒙园:在大厅的一角设立了艺术启蒙园,配备了丰富的艺术类书籍。在这里,幼儿可以和同伴、老师共读艺术书籍,在阅读中让幼儿感受艺术的魅力。

3. 互动体验区：为了增强环境的互动性，设置了互动体验区，如光影游戏区、音乐体验区等。幼儿可以在这里通过触摸、聆听等方式，感受不同艺术形式的魅力，激发他们对美的探索欲。

4. 自然探索角：在大厅的一角设立了自然探索角，摆放了一些易于养护的植物，幼儿可以在这里观察植物生长，聆听鸟鸣虫叫，感受大自然的和谐之美。

5. 活动展示区：大厅右侧以活动故事的形式展示近期开展的活动或重要的节日，随着活动的变化进行更换。这一空间让幼儿在潜移默化中了解活动内容，感受传统文化的魅力，同时增强了幼儿对幼儿园活动的认同感与归属感。

（三）创设策略

1. 主题渗透策略：根据季节的变换、节日的庆祝或特定的教育主题，定期更新和丰富大厅的环境创设内容。这种主题式的创设方式不仅让幼儿在他们熟悉的环境中感受到新鲜和惊喜，也让他们在接触和体验不同的主题时，能够领略到各种不同的艺术风格和文化内涵。通过这种方式，幼儿能够在日常生活中潜移默化地学习到关于色彩、形状、空间以及文化多样性的知识，从而拓宽他们的视野，丰富他们的想象力。如在秋天来临之际，和幼儿一起收集丰富的秋天丰收物，投放秋天的绘本。小班幼儿搜集秋天的落叶，认识不同形状

图5-1-1 幼儿园"秋天"大厅环境

的树叶。中班幼儿可以以橘子元素为主题制作手工作品，展现他们无限想象力。大班幼儿在"秋日旅行"中，一起探索秋天的故事。

2. 家园协同策略：积极引导家长和社区成员参与，与幼儿园共同合作，形成家园共育的合力。通过家园协同，丰富环境创设的资源，增强家长对幼儿园创美教育的理解和支持，促进幼儿的全面发展。家长的参与可以为大厅

图5-1-2　教师调整优化环境

环境创设带来更多元化的视角和资源。

3. 循证改进策略： 定期对大厅的环境创设进行科学的评估，通过观察幼儿的兴趣点，收集他们的反馈意见，并结合教育专家的建议，及时调整和优化创设内容。这种基于循证的评估与优化机制确保了环境创设始终符合创美教育的目标，为幼儿提供了一个持续发展的艺术学习环境。通过这种方式，能够确保教育环境的创设既满足幼儿的当前需求，又能够激发他们未来的学习兴趣和潜能。

幼儿园大厅的环境创设是一个充满创意与挑战的过程。遵循创设原则、要素和策略，为幼儿打造一个富有教育意义、美观怡人的艺术空间。我们相信，精心设计的环境能够为幼儿提供一个充满美感和创意的空间，让他们在美的熏陶中茁壮成长。我们追求的不仅是视觉上的美感，更是通过环境的创设，激发幼儿的好奇心和探索欲，培养他们的审美情感和创造力，为他们的全面发展奠定坚实的基础。

二、幼儿园走廊的环境创设

幼儿园走廊环境创设，以创美教育活动为核心，强调教育意义与幼儿成长的契合度，旨在激发幼儿的好奇心与探索欲，培养他们的创造力与审美能力，让走廊成为幼儿快乐学习、自由创造的乐园，让创美教育的种子在幼儿心中生根发芽。

（一）创设原则

1. 趣味性： 趣味性是指在环境创设中呈现有趣、吸引人的元素和活动，强调环境的吸引力、互动性和娱乐性，增强幼儿的参与感和体验感。可以设置一些有趣的互动装置，如签到台、时间观察工具等，让幼儿在行走的过程中享受探索的乐趣。同时，走廊环境应保持动态更新，根据教育主题的变化进行调整,让幼儿每次经过都能有新的发现和体验。这种动态性的设计不仅能让走廊环境保持新鲜感,还能促进幼儿对周围世界的认知和理解。

2. 情感性:走廊环境创设还应注重营造温馨、安全与富有情感氛围的空间,促进幼儿的情感发展和社会性成长。这一原则强调环境对情感的激发和引导,帮助幼儿建立积极的情感体验,增强归属感,培养同理心和社会性交往。可以设置"心情墙",让幼儿用不同的形式表达自己的心情,增强他们的情感表达能力。同时,走廊的墙面还可以展示幼儿的作品,如绘画、手工、照片等,让他们感受到自己的成就和被认可的价值。这种温馨的氛围不仅能让幼儿在走廊中感受到家的温暖,还能培养他们的自信心和社交能力。通过定期更换展示的作品,还能促进幼儿之间的交流和互动。

3. 探索性:走廊环境应鼓励幼儿通过自主探索、发现和实践获取知识、技能和经验。这一原则强调通过互动、体验和主动参与,激发个体的好奇心、创造力。可以设置互动学习区,如触摸式屏幕、点读笔、图书阅读角和植物观察区等,幼儿可以根据自己的兴趣和需求,选择探索的方向,满足他们对外界的好奇心和探索欲。这种开放性的设计可以激发幼儿的想象力和创造力,培养他们的探索精神和创新思维。

4. 环保性:在走廊的环境创设中,环保与再利用也是不可忽视的原则。可以使用环保材料来装饰走廊,如废旧物品再利用、自然材料(如竹子、木头)等。这些材料不仅环保,还能让幼儿在欣赏中学习到环保知识,培养他们的环保意识。同时,可以设置植物角,既能美化环境,又能净化空气,还能激发幼儿的探究和实验兴趣。

5. 灵活性:走廊的环境创设应具有灵活性和可变性,以适应幼儿的成长和兴趣变化。可以设置可移动的隔断或展示架,以便根据不同的主题和活动进行灵活布置。这样,走廊环境就能随着幼儿的成长和兴趣的变化而不断更新,始终保持新鲜感和吸引力。

(二)创设要素

1. 创意美术元素:在小班走廊的创设中,以园本特色下的艺术家为切入点,结合班本特色进行滴流、拓印、玩色等符合小班年龄特点的创意美术活动。这些活动不仅能让幼儿在动手过程中发展手部协调能力,还能激发他们的创造力和想象力。走廊环境应以幼儿为主体,展示他们的作品和探索过程,以及后续推进的活动内容。这样,幼儿在走廊中就能感受到自己的成就和进步,从而更加热爱学习和探索。

2. **研学实践元素**:在中大班走廊的创设中,结合当下开展的园本特色活动,以研学为主要形式,以"金小囡·乐玩金山36件小事"为主要活动内容。通过话题讨论确定幼儿感兴趣的话题,再组织前期调查,寻访感兴趣的内容,最后结合研学实践落实活动开展。这些活动不仅能让幼儿在实践中学习到新知识,还能培养他们的观察力、思考力和解决问题的能力。

3. **植物观察元素**:在各班门口设置植物角,是走廊环境创设中的重要元素之一。小班以块状观察为主,让幼儿初步了解植物的生长过程和特点;中班以对比实验进行观察,让幼儿通过对比不同植物的生长环境和条件,理解植物的生长规律;大班则以实验类为主,让幼儿在实验中探索植物的奥秘。这些植物角不仅美化了走廊环境,还能激发幼儿的探究和实验兴趣,培养他们的观察力和科学思维。

4. **互动装置元素**:在走廊的墙面或各班门口设置一些有趣的互动装置,如签到台、时间观察工具等,是走廊环境创设中的又一重要元素。这些互动装置不仅能让幼儿在行走的过程中享受探索的乐趣,还能培养他们的时间观念和责任感。同时,这些装置还能作为班级文化的展示平台,让幼儿在互动中感受到班级的氛围和归属感。

(三)创设策略

以儿童为本:在创设走廊环境时,应始终以儿童为本,关注幼儿的兴趣和需求。通过观察和了解幼儿的日常活动和兴趣点,可以设计出更符合他们年龄特点和兴趣爱好的走廊环境。例如在小班走廊中设置创意美术区,让幼儿在动手过程中发展手部协调能力和创造力;在中大班走廊中设置研学实践区,让幼儿在实践中学习到新知识并培养他们的观察力、思考力和解决问题的能力。

1. **班本呈现策略**:是指以班级为单位,结合班级特色、幼儿兴趣和发展需求,设计和实施具有个性化、独特性的教育活动,并通过环境、作品、活动等形式进行展示和分享。在小班走廊中展示幼儿的作品和探索过程,在中大班走廊中展示研学实践活动的成果和幼儿的调查报告等。这些凸显班本特色的设计不仅能让幼儿更加热爱自己的班级和集体,还能促进班级之间的交流和互动。例如大班教师根据主题"我们的城市"及"金山嘴"研学经历,开启了"遇见金山嘴渔村"班本课程。整个项目下来,幼儿了解渔村的发展历史、渔村建筑,知道沿海地区人们的衣食住行以及古人的聪明智慧。

图5-1-3 "遇见金山嘴渔村"班本化课程 图5-1-4 创美教育活动"探秘土布"

2. **兴趣导向策略:** 走廊环境的创设应源于幼儿的兴趣点,关注幼儿的个体差异,提供多样化的活动选择,让幼儿在探索中感受到乐趣和成就感。可以通过话题讨论、前期调查等方式了解幼儿的兴趣爱好和关注点,然后结合这些兴趣点设计走廊环境。例如根据幼儿兴趣设计"探秘土布"项目活动,通过参观土布坊与布艺人对话激发幼儿的兴趣,初步体验为土布上色,亲子共同收集边角料制作贴画等,幼儿在探索"布"的过程中,感知了布的有趣好玩,并融入自己的艺术和创作。

3. **氛围营造策略:** 在创设走廊环境时,应注重营造审美氛围。可以通过墙面装饰、色彩搭配、灯光设计等方式来营造美观、舒适、富有创意的走廊环境。例如使用鲜艳的色彩和有趣的图案来装饰墙面,使用柔和的灯光和舒适的家具来营造温馨的氛围,使用环保材料和自然元素来增添生态美感等。这些营造创美氛围的设计不仅能让幼儿在走廊中感受到美的享受,还能激发他们的创造力和想象力。

图5-1-5　名画欣赏廊

4.创美启迪策略: 走廊环境的创设不仅是为了美观和实用,更重要的是要凸显创美的价值。例如在走廊一侧呈现名师作品供幼儿欣赏,探索艺术的世界。这些环境还能作为教育资源,引导幼儿细致观察生活、认真地思考、大胆地想象,并充分发挥想象力,潜移默化地影响幼儿的审美和对生活的热爱,体会艺术的无限可能。

幼儿园走廊的环境创设是一个综合性的过程,通过精心设计和布置,我们可以为幼儿创造一个既美观又富有教育意义的走廊环境,让他们在探索与创造中快乐成长。

三、幼儿园楼梯的环境创设

楼梯平台在幼儿园内部扮演着至关重要的角色,它不仅作为连接各个楼层的交通枢纽,确保幼儿能够安全便捷地上下楼,而且还是幼儿日常活动中的一个不可或缺的组成部分。此外,楼梯区域为幼儿园提供了开展创美教育活动的宝贵空间,通过精心的设计和布置,不仅有了美感,还有了温度,更重要的是在美的环境中培养幼儿感知美、发现美、创造美的能力。

（一）创设原则

1. 安全性: 在设计和装饰楼梯平台的过程中,首要关注的空间要素是确保幼儿的安全性。为了达到这一目标,需要考虑使用防滑材料,确保楼梯的高度和宽度符合安全标准,并且在楼梯平台的边缘安装适当的防护栏杆,以便有足够安全的区域让幼儿能停驻观察发现楼梯间的艺术创想与变化。

2. 参与性: 楼梯环境创设注重幼儿参与设计、布置和使用的过程,而不是被动接受一个已经完成的环境。这一原则强调幼儿的主动性、创造力、合作性和实践性。尊重幼儿的想法和创意,鼓励他们表达自己的观点,并尽可能将他们的想法融入其中。幼儿通过自发地、充满创造激情地参与环境创设,能使环境更具社会价值和审美价值。

3. 生活化：楼梯环境创设应与幼儿真实生活相联系，基于幼儿日常生活世界选择审美素材。主要是通过内容的生活化、环境的生活化、材料的生活化，引导幼儿运用多种手段表现周围的生活世界，让幼儿在生活中"动"起来，感受生活、融入生活，获得美的体验，形成自然、真实的审美情趣。注重让幼儿的审美情趣培养回归幼儿生活，回归真实世界，回归幼儿自我。

4. 多变性：楼梯的设计不应一成不变，注重空间的灵活性、多变性和包容性，打破传统环境的封闭性和固定性，为幼儿提供一个自由探索、自主选择和多元互动的空间，以适应不同教育活动的需求。通过可移动的装饰物或变换的灯光效果，楼梯可以轻松转换成不同的主题场景，将楼梯环境设计为一个兼具通行、阅读、游戏、展示等功能的空间。

在幼儿园的楼梯环境创设中，秉持着教育意义深远、趣味盎然且环保持久性的核心原则。在幼儿丰富多彩的一日生活中，无论是前往户外活动，还是入园、离园的温馨时刻，楼梯都扮演着至关重要的角色。它不仅是幼儿穿梭于不同活动区域的必经之路，更是激发他们探索欲、培养审美情趣与促进身心健康发展的绝佳舞台。打造一个既能激发幼儿探索兴趣，又能促进其身心健康发展的楼梯环境，让每一次上下楼梯都成为一次美的体验和学习的旅程，是我们创设楼梯环境的宗旨。

（二）创设要素

1. 教育性墙面：楼梯墙面不仅是装饰空间的一部分，更是幼儿学习与成长的"隐形教师"。墙面内容应具有层次性，适合不同年龄段幼儿的学习需求，通过提问、任务卡等方式与墙面内容进行深度互动，激发兴趣、支持探索，并促进幼儿的全面发展。例如在"海洋探索"主题中，布置"海底世界"区，展示海洋生物、珊瑚礁、海底地形等。

图5-1-6　"海洋探索"主题墙面

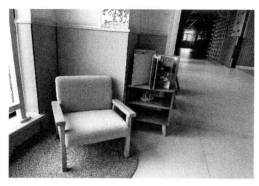

图5-1-7　转角阅读平台

2. 转角阅读平台：楼梯平台被巧妙地设计成一个温馨、舒适、富有吸引力的阅读环境，这里摆放了适合幼儿阅读的图画书、点读笔、记录纸等。这个空间不仅极大地丰富了楼梯的功能，还为幼儿打造了一个适宜阅读、探索和放松的小天地。通过创意设计和功能整合，营造出富有美感的阅读环境，促进阅读兴趣和阅读习惯，同时促进他们的想象力、创造力、语言能力和社交能力。

3.亲自然环创区：融入自然元素和生态设计，为幼儿创造一个亲近自然、探索自然、学习自然的空间。强调自然元素的融入，如植物、水、石头、木头等。

图5-1-8　亲自然环创区

设计互动性强的自然探索设施，如种植区、观察箱、感官路径等，鼓励幼儿通过触摸、观察、实验等方式与自然互动。幼儿在这里可以近距离地欣赏到各种自然材料的独特之美，感受大自然的神奇和奥妙。它不仅培养幼儿的环保意识，还能够激发他们对大自然的热爱和好奇心，让他们在自然中感受生命、创造美好。

（三）创设策略

1. 审美感知策略：在幼儿园楼梯环境的创设中，通过视觉、触觉等多感官设计，结合艺术性、教育性和趣味性，营造一个能够激发幼儿审美感知、培养审美能力的环境。这种策略旨在通过环境的美学设计，潜移默化地提升幼儿对美的感知、欣赏和创造能力。例如在春天来临之前，用明亮和柔和的色彩呈现春天的氛围，呈现幼儿寻春、拾春的足迹，融入幼儿的作品。如此四季更替,幼儿在上下楼过程中,观察和感知四季的特点和变化。

2. **主题情境策略**:根据创美教育活动的主题,将楼梯环境设计成与主题相关的场景或故事空间,激发幼儿的兴趣和参与感。根据活动主题,如自然、艺术、文化、节日等,通过视觉和互动体验,激发幼儿的想象力与创造力。

3. **融合共促策略**:在幼儿园楼梯环境的创设过程中,邀请幼儿共同设计环境的主题、装饰和使用的全过程。可以根据幼儿近阶段的兴趣选择主题,参与楼梯环境的定期更新,幼儿可以用多元化的材料自由表达自己的想法和创意。

4. **互动体验策略**:楼梯环境创设中注重幼儿与环境互动,引发沉浸式的感性体验,并以美的法则丰富幼儿在上下楼梯过程中与环境积极主动的互动,获得丰富的体验和感受。例如在"草间弥生"区,幼儿沉浸式地艺术体验,亲手贴出草间弥生的异想世界。

图5-1-9 "草间弥生"区

四、幼儿园空中花园的环境创设

充分利用空间进行幼儿创美教育活动是创设环境的初衷,幼儿园作为多维空间,充分挖掘园所内所有可以给予幼儿的学习空间,我园利用空中花园创设了自然创享台,旨在为幼儿提供一个充满创意和美感的学习环境。

(一)创设原则

1. **自然性**:在环境创设中,强调自然性的重要性。引入自然元素,让幼儿在接近自然的环境中成长,通过与自然的亲密接触,培养他们对自然界的认知和尊重。

2. **游戏化**:符合幼儿的身心特点和认知规律,因此在环境创设中体现游戏化,激发幼儿与材料互动的兴趣,让幼儿在玩中学、学中玩。

3. 审美性：强调环境各要素具有美的特质，提高艺术性和审美性。从大到小的环境元素都要注意质料美和形式美。在视觉和听觉上，要遵循相应原则，培养幼儿的审美能力。同时，教师也要注重自身的外在和内在美，对幼儿起到审美关照和榜样示范作用。

4. 开放性：打破园内时空边界，实现对幼儿的全方位浸润。重视幼儿的参与性、体验性和互动性，不能无视幼儿的存在。环境创设的内容、材料选择和作品制作要根据幼儿需要，留出空间让幼儿自主创作和互动。幼儿参与到环境创设的过程中来，让他们通过自己的双手和智慧，参与到环境的美化和创造中，从而增强他们的参与感和成就感。

在幼儿园创美教育的环境创设中，致力于为幼儿提供一个充满艺术氛围，通过丰富的艺术元素，激发幼儿对美的感知与探索。提供自由创作的空间，鼓励幼儿大胆表达。通过多样化的艺术展示，帮助幼儿形成初步的审美意识。创设合作环境，鼓励幼儿与同伴交流与分享。

（二）创设要素

1. 屋顶花园：作为幼儿园创美教育活动中的自然探索乐园，它不仅是园所环境的一道亮丽风景线，更是幼儿户外活动的理想之地，幼儿在这里奔跑、游戏，享受着阳光与新鲜空气的滋养，为他们提供了释放压力、享受快乐的空间。在这里，创美教育活动被赋予了新的生命力，幼儿亲身参与到种植、养护等实践活动中，通过亲手触摸土壤、观察植物生长的细微变化，直观地感受自然界的奥秘与生命的奇迹，让创美教育活动更富有教育意义。

图5-1-10 屋顶花园

2. 创美平台：作为幼儿园创美教育活动的核心区域，创美平台是一个集艺术、科学、自然、社交等元素于一体的活动区域，为幼儿提供一个展现创意、释放潜能的舞台。在这里，创美教育活动以多种形式展开，幼儿可以通过艺术创作表达自我，用色彩与线条描绘心中的世界;通过团队合作完成任务,学会沟通协调,共同解决问题。

（三）创设策略

1. 核心理念融合策略: 在环境创设中,注重将创美教育的核心理念融入每一个角落。通过精心挑选的艺术作品、富有创意的装饰元素以及充满想象力的互动装置,营造出一种浓郁的艺术氛围,让幼儿在耳濡目染中感受美的力量,激发他们对美的追求和创造。

2. 多元材料应用策略: 为了激发幼儿的创造力和想象力,我们提供了丰富多样的材料供他们选择和探索。从自然材料到废旧物品,从色彩鲜艳的画笔到形态各异的雕塑材料,每一种材料都承载着幼儿的创意和梦想,让他们在动手实践中发现美的多样性。

3. 交互体验设计策略: 在环境创设中,特别注重互动体验的设计。通过设置有趣的互动装置、开展丰富的创美教育活动以及搭建展示平台,让幼儿在参与和体验中感受创造的乐趣和成就感。这种互动体验不仅增强了幼儿的学习兴趣和参与度,还促进了他们之间的交流与合作。

幼儿园创美教育环境的创设是一个系统工程,需要我们在遵循创设原则的基础上,精心策划创设要素并巧妙运用创设策略。只有这样,才能为幼儿打造一个既富有创意又充满美感的教育空间,让他们在探索、发现、创造的过程中不断成长和进步。

第二节 幼儿园创美教育活动专用
活动室的空间打造

在幼儿园的教育环境中,创美教育专用活动室是一个充满创意与想象的空间,它是幼儿探索艺术、发挥想象的重要空间,其设计与布局不仅关乎幼儿的成长体验,更是教育理念与实践的直观体现。我园创美教育专用活动室,很大程度上源于园本特色活动的发展需求,经过多年的探索和研究,通过打破、重组,再设计、打造出更符合幼儿身心发展特点、满足不同年龄段需求的创美教育专用活动室的空间,让幼儿通过参与各种创美教育活动锻炼手部精细动作、培养观察力、提高创造力和想象力,同时也能够增强自信心和自我表达能力。

一、创美教育专用活动室的设计理念

(一)儿童为本,潜能激发

创美教育专用活动室的设计,其核心在于深刻理解并围绕儿童的需求与兴趣。从空间布局的精雕细琢,到色彩搭配的和谐雅致,再到家具选择的安全贴心,每一步都旨在触发幼儿的好奇心与探索热情,倾力打造一个温馨、自由、创意无限的天地,让幼儿在此自由飞翔,沉浸于创美的无限乐趣。

(二)功能分区,多元共融

依托我园创美教育活动理念,创美教育专用活动室被巧妙划分为多个功能区:悦童创美室,艺术的殿堂,让幼儿在色彩的海洋中畅游;自然创享台,大自然的缩影,引领幼儿探寻自然的奥秘;纹韵扎染坊,传统文化的传承者,让幼儿在布料及其纹理的变幻中感受历史的韵味;匠心木工室,实践的乐园,让幼儿在木头的雕琢中体验创造的喜悦。书香润美阁,知识的宝库,让幼儿在书海中遨游,滋养心灵,拓宽视野。各区域布局合理,标识清晰,为幼儿提供了一个自主选择、自由活动的广阔舞台。同时,区域间紧密相连,互动频繁,如同桥梁般联结幼儿的心灵与智慧,促进他们在多元领域间的学习迁移与全面发展。

(三)灵活应变,伴随成长

考虑到幼儿身心发展的快速与多样性,创美教育专用活动室的空间设计与材料配置均展现出极高的灵活性与适应性。通过模块化设计、可移动家具等创新举措,轻松满足不同年龄段幼儿的活动需求。同时,根据教育活动的动态变化,迅速进行空间调整与优化,确保活动室始终与幼儿的成长步伐同步,共同创造美好的未来。

二、创美教育专用活动室的功能定位

(一)悦童创美室

作为幼儿园创美教育专用活动室中的璀璨明珠,悦童创美室以其独特的区块性、丰富的材料以及以幼儿作品为中心的展示方式,深受幼儿的喜爱。悦童创美室内巧妙地以活动形式为划分依据,设立了玩色区(涵盖水性玩色与固性玩色)、泥塑区、沙画区、欣赏区和绘画区等多个区域。各区域之间以精致的材料架作为自然隔断,既保持了空间的通透性,又明确了区域的功能。材料架上,各类活动材料被分门别类地摆放得井井有条,方便幼儿根据活动需要自主取用。

图5-2-1　悦童创美室环境1　　　　图5-2-2　悦童创美室环境2

此外,悦童创美室的墙壁、橱柜和陈列架上,布满了幼儿的创意作品,这些作品不仅展现了幼儿的艺术天赋和想象力,更为活动室增添了几分生动与活力,营造出一个充满艺术氛围的创美空间。

（二）自然创享台

在金山区田野活动的灵感启迪下,我园依托创美教育理念,精心打造了位于三楼屋顶的自然创享台。这个平台以自然环境为教育基石,紧密围绕幼儿的生活经验和审美需求,创新性地设立了"创美十三坊"。从"葫"里"葫"涂的趣味探索,到"棉"言细雨的细腻感受;从遇"稻"美好的田园体验,到"筋筋"乐道的创意编织;再到"泥"好呀的泥土亲近、自然印记的深刻记忆……每一种自然材料都以其独特的魅力,激发着幼儿的创美灵感。平台上,材料柜与活动板面巧妙结合,既方便了材料的分类存放,又展示了项目的丰富内容。两边的木墙上,幼儿的田野创美作品琳琅满目,如田野手账、写生画作、图鉴集锦和护生画集等,它们共同构成了一个充满自然韵味与艺术气息

图5-2-3　自然创享平台1　　　　　图5-2-4　自然创享平台2

的创美天地。

（三）纹韵扎染坊

纹韵扎染坊是我园创美教育活动室中的一颗璀璨新星，它坐落于户外的半开放小屋内，沐浴着自然的阳光与微风。这里以传统扎染工艺为灵魂，融入现代审美元素，为幼儿打造了一个既传统又时尚的艺术空间。坊内设有专门的扎染工作区，配备了齐全的扎染工具和材料，如各式各样的布料、丰富多彩的染料、灵活多变的绳子和皮筋以及实用的木架等。幼儿在这里可以亲身体验扎染的全过程，从精心挑选材料、创意设计图案，到细致入微的绑扎、染色和晾干，每一个环节都充满了无尽的乐趣与挑战。扎染坊的墙壁上，挂满了幼儿亲手制作的扎染作品，每一件都独一无二，凝聚着他们的创意与心血。

图5-2-5　纹韵扎染坊1　　　　　图5-2-6　纹韵扎染坊2

通过这样的活动,幼儿不仅领略到了传统文化的深厚魅力,还在实践中培养了自己的审美能力和创新思维。

（四）匠心木工室

匠心木工室是激发幼儿的动手能力和创造力而精心打造的一个创美教育活动室。这里充满了浓郁的木质元素,从墙壁到操作台,都采用了温暖而自然的原木材质,营造出一种温馨而质朴的氛围。匠心木工室内配备了齐全的木工工具和材料,如锋利的锯子、坚实的锤子、细小的钉子和各式各样的木板等。幼儿在这里可以尽情发挥自己的想象力,亲

图5-2-7　匠心木工室

手制作出各种木制品,如小巧玲珑的小桌子、舒适可爱的小椅子以及趣味横生的木玩具等。为了满足不同年龄段幼儿的需求,匠心木工室还精心设计了不同难度的制作项目,让幼儿在挑战中不断成长。同时,匠心木工室的墙壁上贴满了幼儿的制作过程和成品照片,它们记录了幼儿的成长足迹和创美成果,也见证了他们在木工坊中度过的快乐时光。通过这样的活动,幼儿不仅锻炼了自己的动手能力和创造力,还培养了耐心和专注力,为未来的学习和生活打下了坚实的基础。

（五）书香润美阁

书香润美阁是为培养幼儿阅读兴趣与审美能力而设立的创美教育专用活动室,它如同一座静谧的知识殿堂,散发着淡淡的书香与艺术的韵味。活动室位于幼儿园二楼的一隅,环境优雅,光线柔和,为幼儿营造了一个温馨舒适的阅读氛围。阁内设有丰富的图书资源,涵盖了绘本、科普、文学、艺术等多个领域,旨在满足不同年龄段幼儿的阅读需求。图书摆放整齐有序,每一本书都经过精心挑选,旨在激发幼儿的阅读兴趣与想象力。

除了阅读区,书香润美阁还设有创意创作区与手工制作区。幼儿在阅读之余,可以在这里记录下自己的阅读感悟,或是根据书中的故事进行故事创

图 5-2-8　书香美润阁

编与手工制作。这些活动不仅培养了幼儿的阅读能力、动手能力、表达能力，还让他们在创作中感受到了文字与艺术的魅力。

三、创美教育专用活动室的打造要点

（一）小班幼儿：针对小班幼儿年幼、手部精细动作发展初期的特点，精心策划一系列易于操作、安全无害的活动材料。

1. **悦童创美室**：油画棒与水彩笔以其亮丽的色彩和适中的尺寸，成为小班幼儿探索色彩世界的首选。大小不一的笔刷，以及生活中的废旧材料，如水粉颜料瓶盖、纸片、刷子等，激发幼儿的创造潜能。

2. **自然创享台**：大型树叶、树枝、葫芦等自然材料，以及木块、石头等，让小班幼儿在亲近自然的同时，进行简单的排列组合，初步培养幼儿的观察能力。

3. **纹韵扎染坊**：考虑到小班幼儿的年龄特点，特别设计了"蓝晒"活动，给幼儿提供形状各异、色彩斑斓的树叶，让他们在拼贴、晾晒的过程中，初步感受扎染的魅力。此外，简易的扎染工具，如大夹子，也便于幼儿尝试简单的捆绑操作。

4. **匠心木工室**：提供大号木块和基础的敲打工具，还有软质小锤，让幼儿在敲打堆叠中锻炼手部精细动作。

5. **书香润美阁**：提供丰富的绘本、图画书和布书，以及情境性的阅读环

境,培养幼儿的阅读兴趣和想象力。

（二）中班幼儿:随着中班幼儿手部精细动作和认知能力的提升,为他们准备更为丰富、多元化的活动材料

1. **悦童创美室**:水彩笔、马克笔和记号笔等,让幼儿能够尝试更多色彩表达和造型创作。此外,增加了更多种类的画笔,如细头水彩笔、双头记号笔等,以满足幼儿更精细的绘画需求。

2. **自然创享台**:形状更规则的自然材料,如圆形石头、扁平树叶、圆润的葫芦等,引导幼儿进行装饰绘画和拼贴画创作。

3. **纹韵扎染坊**:皮筋、小手帕、小袜子以及各色染料等材料的加入,让幼儿有机会接触并实践简单的捆绑、染色技巧,培养他们的耐心和细致观察力。同时,也提供了更多样化的扎染工具,如小木棒、小夹子,以帮助幼儿实现更复杂的扎染效果。

4. **匠心木工室**:提供较小尺寸的木块和更复杂的工具,如小手锯、磨砂布等,让幼儿有机会尝试制作简单的木制品结构,进一步锻炼幼儿的动手能力。

5. **书香润美阁**:增加科普类图书和故事书,以及优化阁内阅读角,激发幼儿的好奇心和探索欲。

（三）大班幼儿:针对大班幼儿手部精细动作和认知能力相对成熟的特点,为他们准备更为专业、复杂的活动材料

1. **悦童创美室**:颜料、画笔、粉笔、毛笔等专业绘画工具的提供,让幼儿能够尝试更高水平的艺术创作。同时,还增加了更多色彩的颜料及多种功能型的画笔,以满足大班幼儿更广泛的创作需求。

2. **自然创享台**:提供各种不同形状和大小的自然材料,以及各种低结构的辅助材料,如铁丝、麻绳等,让大班幼儿能够充分发挥创意进行组合和创作。

3. **纹韵扎染坊**:坊内增加了棉线、木棒、T恤、小台布以及各色高级染料等材料,让幼儿有机会进行更为精细的扎染手工制作。同时,也鼓励幼儿进行团队合作,如共同扎染长布等,以培养他们的合作精神和团队意识。

4. **匠心木工室**:提供更为复杂的木材和工具,如小型电锯、打磨机等（在

成人监督下使用），让幼儿有机会尝试制作更复杂的木制品，如主题家具、玩具等，以进一步锻炼大班幼儿的动手能力和创造力。

5. **书香润美阁**：设立创作区和手工区，提供丰富的文学作品和创作工具，鼓励幼儿进行阅读、创编和创作，培养他们的文学素养和创造力。

四、创美教育专用活动室的管理维护

（一）安全管理强化措施

1. **风险预警系统**：在创美教育专用活动室显著位置设置安全警示标志，包括工具使用提示、材料安全说明等，以直观形象的方式提醒幼儿注意安全，增强自我保护意识。

2. **动态监控机制**：实施定时定点巡视制度，由教师或专职安全监督员负责，确保专用活动室内无安全隐患。特别关注尖锐工具（如剪刀、刀具）的正确使用与存放，以及化学材料（颜料、胶水）的安全管理，防止误食或不当接触。

3. **应急处理预案**：制订详细的安全事故应急预案，包括急救措施、紧急疏散路径等，并定期组织师生进行安全演练，提升应对突发事件的能力。

（二）材料管理精细化

1. **分类存储与标识**：根据材料性质和使用频率，实施科学分类存储，如绘画材料区、手工材料区等，并为每类材料配备清晰易懂的标签，便于幼儿快速找到所需材料，同时促进材料的有序管理。

2. **定期盘点与更新**：建立材料定期盘点制度，检查材料的完好度与数量，对于损耗或过期材料及时补充更换，确保活动的连续性和材料的有效性。

3. **创意材料回收与再利用**：鼓励幼儿参与废旧材料的收集与创意再利用，既节约资源，又激发幼儿的环保意识与创造力。

（三）卫生管理高标准

1. **日常清洁与消毒**：制订严格的卫生清洁计划，每日活动结束后对创美教育专用活动室进行全面清洁，特别是高频接触区域如桌面、工具、材料架等，使用安全环保的消毒剂进行消毒，确保环境卫生。

2. **个人卫生习惯培养**：将卫生教育融入日常活动中，引导幼儿在活动前后洗手,使用专用手帕或纸巾,不随意触摸口鼻,不乱扔垃圾,培养良好的个人卫生习惯。

3. 环境美化与通风:保持创美教育专用活动室内的空气流通,定期开窗通风,同时利用绿植、艺术品等元素美化环境,营造既安全又舒适的创美空间。

通过细致入微的管理与维护措施,确保我园创美教育专用活动室不仅能够激发幼儿的创造力与想象力,还能为幼儿提供一个安全、健康、有序的学习与探索环境。

我园的创美教育专用活动室,作为教育创新的标志,深谙儿童发展,围绕"创美教育活动"精心打造。创美教育专用活动室空间安全,启发教育,是幼儿的创意乐园。丰富的材料,激发了幼儿探索欲与创造力,每个细节尽显教育深情。在此,幼儿自由想象,快乐创美,全面发展。

第三节 幼儿园创美教育活动的班级空间设计

幼儿园,作为幼儿早期教育的摇篮,其环境设计对幼儿的身心成长与发展具有不可估量的影响。创美教育活动空间,作为幼儿园教育环境中的璀璨明珠,不仅承载着美学启蒙的重任,更是幼儿释放想象力、激发创造力的广阔舞台。本书深入剖析幼儿园班级创美教育活动空间的设计理念、构建策略、审美元素的融入及其美育价值,并通过具体案例分析,旨在为幼儿园创美教育活动空间的设计与实践提供科学、实用的指导。

一、班级创美教育活动空间的设计思路

(一)班级创美教育活动空间的功能定位

创美教育活动空间,是幼儿园内一个集美学教育、艺术创作、手工制作、游戏娱乐于一体的多元化空间。其功能定位精准而全面,涵盖以下几个核心方面:

1. 美学教育:通过一系列创美教育活动,引导幼儿领略美的魅力,培养

他们对美的感知与创造能力。展示经典艺术作品，引导艺术创作，帮助幼儿逐步构建对美的认知框架，提升其审美情趣与审美能力。

定期举办"小小艺术家"主题展览，展示幼儿绘画、手工作品，鼓励同伴间分享交流，让幼儿在欣赏与创作中深刻体验美的力量。

2. 创意激发： 提供丰富多样的材料与工具，鼓励幼儿大胆想象、自由创作，培养其独立思考与解决问题的能力。

在创美教育活动空间内，教师引导幼儿利用废旧物品（如纸板、瓶盖等）进行创意制作，如制作小动物、玩具车等，让幼儿在动手实践中发挥创意。

3. 潜能开发： 通过手工制作、自然拼贴、泥塑等活动，锻炼幼儿的动手操作能力与身体协调性，促进其全面发展。

以"我是中国人"为主题，在大班创美教育活动空间设置泥塑区，从揉泥到造型，再到上色，全程由幼儿自主完成，不仅锻炼了动手能力，更培养了耐心与专注力。

4. 游戏娱乐： 创美教育活动空间也可以作为幼儿的游戏场所，通过游戏化的活动方式，激发幼儿的兴趣和好奇心。将游戏元素融入美术活动中，使幼儿在轻松愉快的氛围中学习、成长。

教师将各种艺术材料（如彩纸、画笔、贴纸等）隐藏在创美教育活动空间的各个角落，然后给幼儿们提供一张"寻宝地图"或一系列线索，让他们根据线索找到这些艺术材料。找到材料后，幼儿可以使用这些材料进行自由创作。

（二）班级创美教育活动空间的设计理念

在班级创美教育活动空间的设计中，以幼儿为中心的理念是核心，它要求所有家具、设施及活动安排均需紧密贴合幼儿的年龄特征与心理需求。这一理念不仅停留在理论层面，更通过以下具体措施得以生动展现：

1. 以幼儿为中心： 一个符合幼儿身心发展的环境是创美教育活动的基石。在小班，特别采用了低矮的桌子和柔软的垫子，这些家具不仅色彩鲜艳，而且高度适中，确保幼儿能够轻松坐下，自由地进行绘画和手工制作。同时，空间布局也经过精心设计，既保证了幼儿的安全，又充满了吸引力。在班级活动空间中，每班都精心打造了一个小型"艺术画廊"区域，墙面错落有致地展示着幼儿们的得意之作。幼儿在欣赏同伴创意作品时,不仅感受到了艺术的魅力,更被深深激发起了持续创作的强烈欲望。

2. **寓教于乐**:将美学教育与游戏娱乐相融合,是创美教育活动空间设计的又一创新之处。每班配备了先进的互动式教学工具,如智能画板与全息投影设备。幼儿可以通过智能画板,自由挑选心仪的色彩与图案,在虚拟空间内尽情挥洒创意,体验创作的乐趣。定期举办的"梦想艺术家"作品展,幼儿不仅有机会展示自己的手工作品,还能在欣赏他人佳作的过程中,学会欣赏与尊重他人的创意,从而在收获成就感的同时,也增强了自信心与团队合作能力。

3. **多元化与包容性**:为了满足不同幼儿的兴趣与需求,提供了丰富多样的艺术材料和工具。在大班的创美教育活动空间,你可以看到水彩、油画棒、贴纸、彩纸等各种材料应有尽有,幼儿可以根据自己的喜好选择材料进行创作,无论是喜欢绘画、手工还是拼贴,都能在这里找到属于自己的舞台。同时,还设置了个性化创作区,鼓励幼儿大胆尝试新的创作方式,展现自己的独特风格。

4. **可持续性**:环保理念也是设计创美教育活动空间时不可或缺的一部分。在幼儿园,使用环保、无毒的材料进行装修和家具制作,确保幼儿在一个健康、安全的环境中成长。同时,鼓励幼儿使用可回收或可重复利用的材料进行创作,如利用废旧纸板制作玩具,用废旧布料制作布艺画等。此外,通过组织"绿色小卫士"环保主题活动,在实践中学习了环保知识,提升了环保素养,也学会了珍惜和爱护地球家园。

(三)班级创美教育活动空间的设计原则

在明确了创美教育活动空间的功能定位后,进一步细化了以下设计原则,旨在打造一个既能满足幼儿美学教育需求,又能充分激发其创造力和探索欲的空间:

1. **安全性与舒适性并重**:所有材料和设施均需严格遵循安全标准,确保无尖锐边角,地面铺设防滑且易清洁的材料,为幼儿提供一个安心的创作环境。同时,空间布局须充分考虑幼儿的身高与视野,确保他们能够舒适地参与各项活动。照明设计亦须精心考量,确保光线柔和且充足,有效保护幼儿的视力健康。

2. 开放性与灵活性兼具：创美教育活动空间应采用开放式布局,便于教师全方位观察和指导,同时促进幼儿的自由移动与交流。家具与设施应具备多功能性和可调节性,以灵活适应不同年龄段幼儿的需求及多样化的活动场景。此外,预留足够的空白墙面或可涂鸦区域,鼓励幼儿自由发挥,展现个性创意。

3. 色彩与材质的丰富多样：色彩选择上,将采用鲜艳且和谐的色调,以吸引幼儿的注意力,营造出一个活泼愉悦的学习氛围。在材质方面,将兼顾安全性与多样性,选用天然木材、环保塑料、软质布料等优质材料,让幼儿在触摸与操作中感受不同材质的独特魅力。

4. 强调互动性与参与性：通过设计互动式的艺术装置和游戏设施,鼓励幼儿通过触摸、操作、探索等多种方式学习新知。同时,设置专门的展示区,定期展出幼儿的作品,以增强他们的成就感和自信心。此外,还将定期组织亲子活动,邀请家长共同参与创美教育活动,增进亲子间的情感联系。

5. 教育与娱乐的完美融合：在设计中,巧妙融入教育元素,如设置主题墙、故事角等,以激发幼儿的学习兴趣。同时,亦注重空间的娱乐性,确保幼儿在轻松愉快的氛围中快乐学习、健康成长。

二、班级创美教育活动空间设计思路

（一）空间布局的精心创设

1. 区域划分明确：依据功能定位,细致地将空间划分为各具特色的区域,如表达表现区、作品展示区、感知欣赏区等,确保每个区域都承载着清晰的功能与用途,为幼儿提供多样化的活动空间。

2. 边界柔活处理：在区域划分的同时,注重边界的柔活性设计,旨在促进不同区域间的自然过渡与互动,让空间更加流畅和谐。

3. 动线规划顺畅：精心规划了空间内的通道与流线,确保幼儿能够轻松自如地进出各个区域,既满足了活动的便捷性,又有效避免了拥挤与冲突,为幼儿营造一个安全有序的活动环境。

（二）材料选择的精心创设

1. 环保材料：严格筛选无毒、无害、环保的材料,确保这些材料不仅符合国家安全标准,更能有效保护幼儿的健康与安全。这些材料的选择,体现了对幼儿成长环境的深切关怀与责任。

2. **多样化材料**:为了激发幼儿的创作灵感与想象力,精心准备了多种颜色和质地的材料。从柔软的布料到坚硬的木材,从轻盈的塑料到厚实的纸张,每一种材料都承载着不同的触感和可能性,鼓励幼儿在创作中探索与发现。

3. **耐用性**:在材料的选择上,同样注重其耐用性。耐用的材料不仅能确保设施长时间使用,减少维护成本,更能为幼儿提供一个稳定、可靠的创作环境,让他们的每一次创作都能得到充分的支持与保障。

(三)色彩运用的艺术创设

1. **色彩搭配**:色彩对于环境氛围的营造至关重要,因此在色彩搭配上应注重和谐与协调。通过精心挑选色彩,努力营造一个既温馨又舒适的创作环境,让幼儿在色彩的包围中感受到愉悦与放松。

2. **色彩寓意**:色彩不仅是一种视觉元素,更是一种情感的传递者。通过巧妙运用色彩,传达出特定的寓意与情感。例如红色代表热情与活力,蓝色代表宁静与深邃,绿色代表生机与希望,这些色彩的运用,旨在激发幼儿的情感共鸣,引导他们在创作中表达内心的感受与想法。

3. **色彩对比**:为了突出空间的重点和亮点,适当运用了色彩对比。通过对比鲜明的色彩搭配,吸引了幼儿的注意力,引导他们更加专注于创作过程。

三、班级创美空间的精心创设

(一)创美空间的多样化类型

1. **绘画区**:精心配备绘画工具与优质纸张,为幼儿提供广阔的绘画创作舞台,激发他们的艺术潜能。

2. **手工制作区**:汇集丰富的手工材料与专业工具,让幼儿在动手实践中探索创意,享受手工制作的乐趣。

3. **展示区**:设立醒目的展示板

图5-3-1　绘画区

图5-3-2　展示区

图5-3-3　创美空间布局

与精致的展示架,用于自豪地展出幼儿的每一件创作成果,增强他们的自信心与成就感。

4. 游戏区:巧妙融入多种游戏设施与趣味活动,让幼儿在轻松愉快的游戏中体验美学教育的独特魅力。

(二)创美空间的科学布局

1. 合理规划空间:根据班级规模与幼儿数量,精准规划创美空间的面积与布局,确保每一寸空间都能得到充分利用。

2. 功能分区明确:将绘画区、手工制作区、展示区与游戏区清晰分隔,每个区域都承载着明确的功能与用途,便于幼儿快速定位与参与。

3. 通道设置合理:精心布局通道与流线,确保幼儿能够顺畅地进出各个区域,同时有效避免拥挤与冲突,营造一个安全有序的活动环境。在班级创美空间中,采用了分区明确的布局策略,将绘画区、手工制作区、展示区与游戏区巧妙分布于教室的各个角落。通过科学规划通道与流线,确保了幼儿能够轻松便捷地穿梭于各个区域之间,充分享受创美教育活动带来的无限乐趣。

(三)创美空间的完备设施与设备

1. 绘画工具:精心挑选了各类画笔、颜料与纸张等绘画工具,以满足幼儿多样化的绘画需求,助力他们自由挥洒创意。

2. 手工材料:汇集了布料、纸张、塑料、木材等多种手工材料,为幼儿提供了丰富的创作素材,让他们在动手实践中感受材料的魅力与创意的无限可能。

3. 展示设施:配备了专业的展示板与展示架等展示设施,为幼儿的作品提供一个亮丽的展示舞台,让他们的创作成果得到应有的认可与赞赏。

4. 游戏设施：设置了拼图、积木等多种游戏设施与趣味活动,让幼儿在轻松愉快的游戏氛围中感受美学教育的独特魅力,激发他们对美的追求与热爱。

四、审美元素的细腻体现

（一）色彩在创美空间中的巧妙运用

1. 色彩搭配：在创美空间的设计中,注重色彩的搭配与协调,通过细腻的色彩运用,营造出一种和谐且舒适的环境氛围,让幼儿沉浸其中。

2. 色彩对比：运用色彩对比,精准地突出空间的重点与亮点,有效吸引幼儿的注意力,激发他们的探索欲望。

3. 色彩寓意：通过色彩的运用,传达特定的寓意与情感,如红色象征着热情与活力,蓝色则代表着宁静与舒适。在创美空间中,黄色的墙面装饰洋溢着温暖,蓝色的天花板带来宁静,绿色的植物增添生机。红色的作品展示区彰显热情与成果,蓝色的休息区则让人倍感宁静与放松。

在创美空间中运用了丰富的色彩元素,如黄色的墙面装饰、蓝色的天花板、绿色的植物等,通过色彩的搭配和对比,营造了一个温馨、舒适的环境氛围。同时,还通过色彩的运用来传达特定的寓意和情感。

（二）形状与线条的美学魅力

1. 形状的运用：在创美空间的构建中,注重形状的运用与搭配,通过形状的多变与组合,丰富空间的层次感与立体感,为幼儿提供一个充满想象的空间。

2. 线条的流畅性：通过线条的巧妙运用,营造出一种和谐且优美的环境氛围,让幼儿在流畅的线条中感受美的韵律。在创美空间里,圆形的展示板显得柔和而亲切,方形的创作桌稳重而实用,弯曲的线条装饰则增添了几分灵动与活泼。

在创美空间中运用了多种形状和线条元素,如圆形的展示板、方形的创作桌、弯曲的线条装饰等。通过形状的变化和线条的流畅性,营造了一个丰富多样的空间环境。

（三）材质与质感的审美盛宴

1. 材质的多样性：在创美空间的材料选择上，提供多种材质与质感的材料，让幼儿在创作过程中能够触摸到不同的材质，感受到丰富的触感与体验。

2. 质感的表达：注重质感的表达与运用，通过质感的对比与变化，丰富空间的视觉效果与审美体验，让幼儿在材质的探索中发现美的奥秘。在创美空间中，柔软的布料让人倍感温馨，坚硬的木材展现出质朴与力量，光滑的塑料则带来现代与时尚的气息。

在创美空间中提供了多种材质和质感的材料，如柔软的布料、坚硬的木材、光滑的塑料等，通过材质的多样性和质感的表达，让幼儿在创作过程中感受到了丰富的触感和体验。

（四）空间与环境的和谐交融

1. 空间布局与环境氛围的协调：在创美空间的设计中，注重空间布局与环境氛围的协调统一。通过合理的空间布局与丰富的环境装饰，营造出一个既和谐又舒适的环境氛围，让幼儿在其中自由驰骋想象。

2. 空间与环境的互动：引导幼儿与环境进行积极的互动与交流。如设置互动式的墙面装饰，让幼儿能够亲手触摸、感受；提供可操作的创作材料，让幼儿在动手实践中体验创造的乐趣。这些设计不仅丰富了创美空间的功能性，更让幼儿在互动中收获了成长与快乐。

在创美空间的设计中注重空间布局与环境氛围的协调统一。通过合理的空间布局和丰富的环境装饰，营造了一个和谐、舒适的环境氛围。同时，还通过空间的设计来引导幼儿与环境进行积极的互动和交流，如设置互动式的墙面装饰、提供可操作的创作材料等。

五、美育价值的深刻体现

（一）创美教育活动：拓宽审美视野的钥匙

在创美教育活动的广阔天地里，幼儿得以邂逅绘画的斑斓、雕塑的立体、剪纸的精巧与泥塑的韵味，这些多样化的艺术作品与创作材料，如同一扇扇窗，引领他们领略艺术的无限风光。每一次的观察与参与，都是对幼儿审美视野的一次拓展，让他们在艺术的海洋中逐渐认识到世界的多彩与丰富。

（二）创美教育活动：点燃审美情趣的火花

在艺术的浸润下，幼儿的心灵逐渐绽放出独特的审美情趣。他们或许对某一抹色彩情有独钟，或许对某一形状充满好奇，抑或对某一艺术风格产生深深的共鸣。这种审美情趣的萌芽，是幼儿内心对艺术作品的真实感受与选择，更是他们审美能力不断提升的鲜明标志。

（三）创美教育活动：铸就审美能力的基石

创美教育活动赋予幼儿亲手触碰艺术的机会，让他们在创作的道路上留下自己的足迹。从想象的萌芽到作品的呈现，幼儿须调动全部的智慧与才情，将心中的愿景转化为眼前的实物。这一过程，不仅锤炼了他们的动手能力，更让他们在艺术的实践中逐步掌握创作的真谛，审美能力也随之水涨船高。

（四）创美教育活动：滋养审美情感的沃土

在创美教育活动的滋养下，幼儿的心灵得以自由地表达与交流。他们通过作品抒发情感、传递思想，这份情感的流露与共鸣，成为他们审美情感发展的宝贵养分。同时，在欣赏他人作品的过程中，幼儿学会了尊重与理解不同的审美视角与创作风格，这份包容与理解，正是他们审美能力日益成熟的见证。

班级创美教育活动与幼儿审美能力之间，存在着一种难以割舍的紧密联系。它像一股无形的力量，推动着幼儿在艺术的海洋中不断探索、不断前行。因此，幼儿园应珍视创美教育活动的独特价值，为幼儿创造更多参与体验的机会，让他们在艺术的熏陶下，绽放出属于自己的璀璨光芒，不断挖掘与提升那份珍贵的审美能力。

第六章 幼儿园创美教育活动的专题探索

本章节阐述了创美教育活动融于生活、运动、游戏、家庭四大核心领域的实践意义。第一节聚焦生活美学，旨在培养幼儿的审美感知；第二节将运动与美育相结合，促进运动能力与创造力协同发展；第三节通过游戏激发审美情趣与创新思维；最后一节围绕家园协同，提升幼儿审美能力。

　　创美教育活动实施过程中，教师不应急于求成一个成熟的活动，不应急于求得幼儿审美能力的提升，而是要在实践过程中不断思考："幼儿在哪里？学习在哪里？游戏在哪里？"通过这样的内省和发问，不断培养幼儿的乐美、享美、创美的能力。

第一节　贯穿于生活中的创美教育活动

"美"源于生活。在班级自然角中,幼儿通过与动植物的互动,有助于理解自然、爱护自然,并在劳动中体验到成就感和满足感。在这过程中,不仅能够启发幼儿对美的感知和欣赏,还能培养他们的观察能力、思维能力和动手能力。以自然角为活动场地,以幼儿为中心,通过调动多元感官,在观察体验中引导其感受生活中的美,让幼儿在美好的体验中乐意用自己的方式表达美、创造美、分享美。

一、基于现状,挖掘潜在问题

自然角在幼儿教育中扮演着至关重要的角色,它不仅是幼儿认识自然的窗口,更是培养其多方面能力和情感的重要途径。每个班级都有自然角,这里是个以小见大的浓缩生态园。通过观察各植物角的布局及幼儿在其中的实然状态,围绕外部空间和内在功能两方面分析,发现目前各班的自然角并没有发挥其价值。

(一)资源种类有限,趋于单一化

统计观察发现,自然角中的自然资源较为单一,其表现为:所提供的自然资源多为常见绿色植物,如绿萝、吊兰等,缺乏多样性和丰富性;自然角内容较为单调,缺少不同季节、不同地域特色的自然资源;不同年龄段的植物角资源大多雷同,缺少层次性。自然资源的单一,导致幼儿对一个"角落"失去兴趣,根本无法进行深入的观察探究。

(二)区域范围局限,趋于固定化

将自然角设定为固定的"角落",或是用围栏、柜子等将其围起来,将其与其他的空间割裂开来。这种"圈地"的空间限定,加剧了幼儿与自然角的疏离感,削弱了其教育功能。另外,自然资源多以固定的方式陈列,如仅仅放在花架或贴在墙上,没有采用更多元化的展示手段,可互动性和可操作性较弱,无法引起幼儿的深入参与。

(三)幼儿主体缺失,趋于被动化

幼儿在自然角的互动只是为了完成任务而机械地进行浇水、观察记录操作,而不是出于对植物的真正关心和兴趣,究其原因是幼儿参与度缺少。从自然角的创设到布置到投入,其过程中教师高控取向超越幼儿主控取向,更侧重于展示而非互动,幼儿主体地位不凸显,缺乏自由探索和深度学习的空间和实践机会。

二、基于活动,探寻有效策略

创美教育活动以幼儿自发生成为主,是幼儿通过自己的方式对周围事物进行感受、欣赏、表现、创造。结合幼儿生活实际,充分挖掘自然资源,根据季节、主题等相关开发个性化的符合幼儿兴趣的自然资源,让自然角真正具有在地感。在种植、观察、记录、分享的过程中,给予他们主动认识、主动探索的机会,让这一方小角落也能够成为幼儿创美的天地。

(一)环境构建,激发幼儿兴趣

顺应幼儿年龄和心理发展特点,创造丰富多样的环境和具有探索性的支持环境,在与环境的互动中引发幼儿发现美、感受美。第一,丰富自然角区域设置。如将观赏区根据种植方式、植物种类进行划分,同时增设试验区、饲养区、互动区、资料区等。第二,提供丰富多样的自然材料和工具类型,如表6-1-1所示。

表6-1-1　自然角工具表

类　型	具　体　内　容
种植与养护工具	铲子、剪刀、喷壶、耙子、花盆、肥料、营养土
探索与观察工具	放大镜、手电筒、镊子、儿童相机
测量与记录工具	直尺、卷尺、自制测量工具、记录本、笔、小黑板、粉笔
其他辅助工具	平板电脑、相关绘本或图示、自然测量工具

第三，关注打造开放、互动的活动空间，打破边界，让幼儿的生活、游戏、学习的环境与自然角进行联结。自然角不仅局限在班级的一角，还应将其场地延伸至更宽阔的空间。一个充满探索性、互动性和个性化的自然角环境，将为幼儿提供一个快乐、有意义的探索旅程。

（二）深度参与，关注幼儿视角

幼儿的思维是具体的、泛灵的、未分化的，他们对世界充满好奇，对自然充满兴趣。哈佛大学生物学家威尔逊认为一切事物在幼儿眼中充满生命的意味且相互关联。重视儿童的深度参与，将自然角的创设和管理过程开放给儿童，让儿童按照自己的兴趣和意愿参与。在创设自然角的整个过程中摒弃了以往教师为主的活动，幼儿从创设前的讨论、经验准备、计划、自然资源的选择、照料、观察记录到收获成长都全程经历和深度参与。

（三）融合体验，触发幼儿情感

灵活运用家长资源和社区资源，支持多类自然活动的开展，如：幼儿在种植探索的过程中，需要查阅资料、走访种植基地、需要的操作材料等都需要家长的支持；以家长进课堂的方式参与到自然角的创设中，丰富幼儿和教师的种植经验；利用社会实践活动，去自然中进行亲密接触，初步了解种植知识和经验。在丰富的探索实践的过程中，感受自然物的生长变化，强化幼儿对生命成长的体验，同时也丰富幼儿的情感体验和满足，如：成功感的体验，专注度的体验等。

三、基于幼儿，丰富活动过程

为尊重幼儿的个体需求和以幼儿主体性为原则，根据三三法则（图6-1-1）发挥幼儿的主动性，鼓励多方参与，强调融合体验，通过项目化的活动、多元的内容开展丰富种植角的活动。

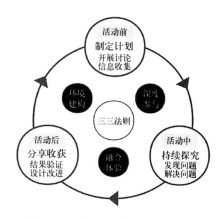

图6-1-1　自然角创设之三三法则

（一）赋权幼儿，制订详细计划

在创设自然角之前，围绕问题引导幼儿开展前期调查，组织幼儿进行相关的活动计划,包括区域的划分布置、选择合适的植物种类、准备必要的工具和材料、照料规则等。通过谈话、投票、信息收集、材料准备等环节制订计划书。通过前期的调查和幼儿的讨论,幼儿积累了初步的种植经验。

春天的自然角的种植园适合种什么呢?教师组织幼儿开展了一次谈话活动。随后幼儿与家长一起收集资料,了解适合春天种植的植物,并用表征进行记录种植方式、材料准备等各类信息。在第二次的谈话活动中,大家分享自己的发现,并通过投票决定。这样的谈话活动是赋权幼儿尝试,改变由教师主导创设环境、幼儿被动接受参与的模式,充分调动了幼儿的积极性,让幼儿对小小的自然角充满了期待与好奇。与幼儿一起参与植物角的布置,为植物命名,在其中培养幼儿的爱心,调动他们对美的体悟与向往,给予他们一定的主人翁意识,让每名幼儿都能了解美、获得美,懂得欣赏美。[1]

(二)多种方式,开展持续探究

1. 主动探索互动。设计开放式自然角,鼓励幼儿自由探索。梳理幼儿观察过程中发现的问题,提出引导性问题,激发幼儿的探究欲望。教师还可以组织户外实践等自然探索活动,拓宽幼儿的活动边界,培养幼儿的探索精神,让幼儿在丰富多彩的创美教育活动中探索更多关于自然的奥秘[2],如菌菇采摘、桃胶的秘密等活动内容,增加幼儿与自然的互动,引发幼儿的主动探索。

图6-1-2 亲子采摘桃胶

幼儿在照顾桃树时候发现树上有黏液结成的琥珀色的物体,"这是什么东西呢?"这一疑问引起了幼儿的兴趣。在收集信息并且与同伴分享过后,幼儿了解到了桃胶的由来和作用。正好在区域内有桃胶采摘基地,教师组织幼儿开

---

1 沈雅婷.自然美育视角下的幼儿园植物角的创建[J].新课程教学,2023(02):170-171.
2 周燕.开展种植活动,支持大班幼儿"悦"享劳动[J].上海托幼,2024(11):34-35.

展了一次亲子采摘之旅,并将在自然角进行晾晒加工。通过这一活动,幼儿知道了桃胶的作用和由来,以及其如何处理并制作成美味食物的方法。

2. 注重引导支持。对于自然角的探究不仅是进行创设,摆上绿植和工具那么简单,更重要的是后期的观察和照料。教师应该引导幼儿做到自觉参与到植物角的管理与种植中来,除了要对植物进行各种浇水、施肥、除草等必需的生长条件的维护,还要做到自觉保持植物角的卫生,将各种工具收拾到位,养成一个做事有计划、清洁够主动、收纳够整洁的良好习惯。

在种植活动"番茄成长日记"中记录,有一天幼儿发现了番茄的叶子都开始蜷缩起来,并且有发黄的迹象,幼儿想知道"番茄为什么会长成这样""怎样才能让番茄健康成长"。于是,教师鼓励幼儿通过翻阅图书、询问家长等多种方式了解番茄,收集番茄成长所需的土壤特质、光照条件、温度条件及浇灌频次等信息,并支持幼儿自己动手为番茄搭建暖棚,保证番茄生长的温度、湿度和光照。鼓励幼儿尝试自己发现问题,寻找问题的答案并进行实践验证。

3. 结合艺术表达。一方面,幼儿运用多种感官感受自然,如触摸树叶的纹理、聆听鸟鸣、观察植物的生长、动物的特征等,为艺术创作积累素材。还能让幼儿与爸爸妈妈一起收集自然材料,如树叶、花瓣、树枝等进行艺术创作。另一方面,让幼儿通过艺术方式表达自然感悟并装饰植物角。鼓励幼儿创作自然主题的作品,增强对自然的情感投入。让幼儿能够在与自然的互动中汲取灵感,通过艺术表达展现对自然的热爱和感悟,同时提升观察力、想象力和创造力。

秋天到了,幼儿带来了各种秋实秋果来丰富自然角,有秋季的蔬菜瓜果,还有与爸爸妈妈一起制作的树叶贴画。教师利用这些材料,设计了不同的个别化玩法,如植物写生、蔬果拓印、装饰南瓜等活动。幼儿用绘画来表达自己的情感和发现,他们喜欢用写生的方式来记录自然的丰富。幼儿正在植物园

图6-1-3 幼儿在植物园写生

里进行写生活动,秋天的银杏树闪着金色的光芒,让幼儿在感受秋天丰收的喜悦的同时,挖掘植物的多样性和丰富性。

（三）归纳总结,分享丰厚收获

利用开放活动,和家长一起欣赏自己的自然角。在植物生长成熟后,让幼儿与同伴、教师、家长一起分享收获的果实。教师还可以组织幼儿进行总结和分享活动。幼儿可以将自己的观察记录和种植心得与同伴分享,交流种植过程中的经验和体会。教师应鼓励幼儿大胆表达自己的想法,并给予积极的反馈和表扬。

基于三三法则,建构一个循环往复的探索模式,让幼儿与自然角的互动不再是机械单一的,而是在其不断的探索中发现问题并尝试去找到解决问题的办法,探究自然的奥秘,让自然角迸发出持续的生机,让幼儿在与自然的交互中善于欣赏、乐于表达创造。

四、基于发展,解析内涵价值

当重新思考自然角的价值和作用,将其置于幼儿园的整体教育生态中时,用融合、联系的眼光来看待它,领会其中蕴含的巨大能量。

（一）契合自然天性,促进幼儿多元发展

陶行知先生指出:花卉是活的书,树木是活的书,鸟类、野兽、虫子和微生物是活的书。山、湖、海、云、雪和天体都是活的书。[1]在自然角中,幼儿感受到了自然的绚丽与蓬勃,萌发了良好的审美情趣。通过幼儿观察,更好地了解动植物生长的特点和外观,并愿意用自己的方式去记录、创造和分享。通过与自然的亲密接触和探索,更是积累了动植物照料的经验,体验了劳动的乐趣,形成积极认知,让自然角与幼儿的内心美产生共鸣,并且对幼儿各种好的品质进行挖掘。

（二）凸显儿童权利,转变教师固有观念

经验的质量不仅取决于环境本身,也取决于幼儿在环境中的活动,更取

---

1 张天予.课程游戏化背景下幼儿园种植活动初探——以小班幼儿植物角种植为例[J].教育科研,2020(50):164.

决于教师对幼儿活动的引导与支持。[1]教师开始尝试突破界限意识,让自然角融入幼儿园的整个物理空间,让其充分融入幼儿与教师的一日生活,营造生态性更加丰富的自然环境,用体验的、好奇的、审美的、关爱的心态去看待自然、建设自然角。教师开始变换身份角色,其作为支持者、观察者,不断挖掘教育契机,关注经验资源的拓展,不断激发幼儿的探索和思考。

（三）践行教育本位,激发活动蓬勃生长

当幼儿真正参与到自然角的建设与管理中时,幼儿在活动中的主体地位得以实现,使自然角建设回归到课程中来。自然角资源只有通过课程与活动的有效转化才能成为促进幼儿经验生长的资源。自然角蕴含了丰富的教育价值,为课程提供了丰富的资源。教师结合课程内容与幼儿一起进行调查、走访、收集、照护、追踪等一系列活动,在活动中重视幼儿关注的问题、获得的经验,并推动幼儿进一步探索和学习。幼儿在参与自然角创设过程中自发地催生着课程,课程也在幼儿的不断卷入中再造着儿童本位的环境,促进课程的蓬勃生长。

第二节　渗透于运动中的创美教育活动

运动作为儿童一日活动的重要组成部分,不仅有助于身体健康,更蕴含着丰富的美学元素。在儿童的成长过程中,美育扮演着至关重要的角色。它不仅关乎儿童的艺术修养,更与其智力、情感、社会性等多方面的发展紧密相连。幼儿园运动活动中的美学元素,如韵律美、和谐美、力量美和创意美,揭示了体育活动在促进幼儿全面发展中的独特价值。本文聚焦幼儿运动,阐述其在幼儿审美、创造力养成中的关键作用,探讨如何在运动中通过"绘"美这一方式,激发儿童的审美兴趣,培养其创造力,实现童心创美的教育目标,并结合实例给出运动促进策略,助力幼儿教育者及家长重视幼儿运动,推动幼儿身心多元发展。

1　王海英,王欲晓.走出边界——幼儿园自然角建设的思考与建议[J].福建教育,2022:42.

一、运动现状分析

在当前幼儿园运动活动的实践中,教师往往过于关注运动本身对身体健康的促进作用,而忽视了运动中所蕴含的美学元素及其对幼儿审美和创造力培养等潜在价值。因此,在当前幼儿园的教学实践中,虽然运动作为幼儿全面发展不可或缺的一部分得到了广泛重视,幼儿园也越来越关注户外运动对幼儿的价值,但在实际开展过程中,运动器材与设施的选择缺乏审美考量、教师对运动中"美"的关注和挖掘尚显不足等都影响了运动在幼儿创美过程中的作用。

(一)运动环境单调,缺乏创意和美感

幼儿园的运动环境对于幼儿的审美体验和创造力发展具有重要影响。然而,当前许多幼儿园的运动环境仍然比较单调,缺乏创意和美感。如运动器材和设施的选择往往只考虑其实用性和安全性,而忽视了其色彩、形态和材质等方面的美学价值。如之前幼儿园单色的滑梯、秋千等,这些器材虽然功能齐全,但在视觉美感上有所欠缺,难以充分激发幼儿的运动兴趣和审美感受。此外,器材的更新频率也较低,幼儿在长期使用相同的器材后容易感到乏味。这样的运动环境难以激发幼儿对运动的兴趣和热爱,也不利于幼儿审美和创造力的发展。

(二)运动形式单一,缺乏美学元素

幼儿园的运动活动停留在传统的跑、跳、投等基本动作的训练上,缺乏创新和多样性。这些活动虽然能够锻炼幼儿的身体素质,但往往忽视了运动中的美学元素,如如何发掘幼儿在运动中的韵律美、和谐美、力量美和创意美等。幼儿在这样的运动环境中,难以感受到运动带来的美的享受和创造力的激发。

(三)美学素养缺乏,忽视运动中的美育

幼儿园教师在组织运动活动时,有时往往只关注幼儿的安全以及运动技能的教学和幼儿身体素质的提升,而忽视了运动中的美学教育。他们缺乏将美学元素融入运动活动的意识和能力,导致运动活动缺乏审美性和创造性。此外,部分教师对于幼儿的审美兴趣和创造力培养也缺乏足够的重视,未能

为幼儿提供足够的支持和引导。

二、交融共生，运动中的创美元素融入

（一）运动"绘"美之材料之美

在运动"绘"美的实践中，材料的选择至关重要。这里的"材料"不仅指物质上的器材和设施，更包括活动中的材料投放、情境设置等。

1. 器材与设施的多样之美

幼儿园通过园舍户外器械和设施的重新改建，已经将传统且单一的固定器械等进行了重新打造，变更为透明且立体的小房子，长廊、沙水泥池等，这些器械和设施造景更加美观和富有时尚性，也更加便于幼儿根据自己的创意和想象进行色彩的涂鸦和美化。同时一些移动型器械幼儿也可以选择色彩丰富、形态各异的体育器材，

图6-2-1　彩虹伞集体运动

如彩虹伞、彩色球、软垫等，这些器材不仅符合安全标准，还能激发幼儿的兴趣，使他们在运动中感受到色彩与形状带来的视觉美。同时，定期更新器材，保持活动的新鲜感，让幼儿在每一次的活动中都有新的发现和体验。如在户外运动中，投放彩虹伞、彩色气球、跳绳等色彩鲜艳的器材，让幼儿在运动中感受到色彩的魅力。彩虹伞可以用来开展集体运动游戏，幼儿可以抓住伞边一起旋转、跳跃，体验团队合作的乐趣和色彩的视觉冲击。

2. 情境设置的创意之美

幼儿园固定的器械如滑梯、秋千等随着老化和色彩、玩法单调已经更新迭代，变成了大小山坡。这些山坡不仅富有野趣，也更利于幼儿利用幼儿园的自然环境和室内空间，在这些场地上设计富有创意的运动场景，营造创意之美。例如在户外设置"小山坡"的主题的运动区，利用草坪、树木等自然元素，让幼儿进行涂鸦、彩绘、装饰、编织等，幼儿在自己创设的环境

图6-2-2 小山坡运动环境

中奔跑、跳跃体验自然之美；在室内可以利用悬挂的涂鸦的雨伞进行投掷等运动，营造出梦幻般的"美"的运动氛围；走廊材料的投放，比较整齐有序，体现了材料之美。

（二）运动"绘"美之力度之美

随着教师的教育理念不断转变，在开展运动活动中尝试将美学素养融入运动活动。

力度之美是运动"绘"美中不可或缺的一部分，它体现在幼儿对力量的掌控和运用上。这包括了对肌肉力量的感知、协调与控制，以及通过不断挑战自我，实现力量的超越与突破。

1.力量的感知与表达美

通过设计不同难度的运动任务，让幼儿在挑战中感知自己的力量。例如在器械组合运动中，幼儿可以运用高低杠等进行悬吊运动，通过幼儿持续的时间，感受肌肉的紧张和力量的释放；在跑酷游戏中，他们可以挑战更高的高度，体验力量带来的飞跃感。这些活动不仅锻炼了幼儿的身体素质，还让他们学会了如何运用自己的力量去创造美。

2.力量的协调与控制美

在团队运动中，幼儿需要学会协调自己的力量与队友的力量，共同完成任务。这种协调与控制的过程本身就是一种美的体现，它让幼儿在合作中感受到和谐之美，也学会了如何在团队中发挥自己的作用。如在大班的壕沟运动中，幼儿需要具备良好的协调能力和控制力，运用各种动作通过壕沟。在

图6-2-3 器械组合运动

户外平衡类运动中,幼儿也需要学
会控制自己的身体,保持平衡和
稳定。例如在平衡轮胎上行走时,
他们需要不断调整自己的步伐和
重心,以确保不会摔倒。这种协调
与控制的过程本身就是一种美的
体现。

3. 力量的超越与突破美

在运动中,幼儿可能会遇到自
己无法轻易完成的任务,但正是这
些挑战让他们有机会发现自己的
潜力,教师通过鼓励幼儿挑战自己
的极限,不断突破自我,体验到超
越自我带来的力量之美。例如在
球类比赛、野战游戏等一些竞赛类
运动中,可以出示比分牌,让幼儿
通过竞赛的努力超越对手以及自
己之前的纪录,感受超越之美。这
些挑战不仅让幼儿体验到超越自

图6-2-4 壕沟运动

图6-2-5 野战游戏

我带来的成就感,还让他们学会了如何面对困难和挑战,不放弃的精神也是
运动中的美。

（三）运动"绘"美之动作之美

动作之美是运动"绘"美中最直观、最生动的表现。它体现在幼儿对运
动技能的掌握和运用上,也体现在他们对美的追求和表达上。动作之美在于
幼儿在运动中所展现出的流畅性、协调性和创造力。这要求幼儿不仅要掌握
基本的运动技能,还要学会如何在运动中发挥自己的想象力,创造出独特的
动作和表演。

1. 基本动作的规范与优美

在运动活动中,教师需要指导幼儿掌握正确的基本动作,如跑步的姿势、跳

跃的发力方式、钻爬的要点等，让他们在运动中展现出规范而优美的动作。这些动作不仅提高了运动效率，还让幼儿在运动中感受到了身体的力量和美感。在大班跳绳运动中，教师可以引导幼儿观看跳绳视频、图片，了解跳绳的基本姿势和动作特点，实地观察同伴跳绳的动作、表情，捕捉他们的动作细节和表情变化。跳绳的幼儿在感受身体协调性和美感，为其表征的幼儿可以通过线条的粗细、颜色的深浅等方式来表现同伴跳绳动作的流畅性和节奏。幼儿在过程中可以画出富有表现力的跳绳场景，呈现运动的结果和动作之美。这不仅有助于培养幼儿的绘画技能和创造力，还能让他们更加深入地理解运动的意义和价值。

2. 创意动作的发挥与创造

在掌握基本动作的基础上，允许幼儿发挥想象力，创造出独特的动作和玩法。在韵律操、器械操的编排中，幼儿可以根据音乐节奏和歌词内容，自由编排舞蹈动作，幼儿可以尝试将多个动作组合起来，形成一个连贯的韵律操的表演。如在大班的武术操的编排中，让幼儿可以结合"我是中国人"主题下的《中国功夫》的曲目，自由结伴，以小组为单位，根据音乐及歌词大胆创编动作。幼儿根据各自创编的动作形成连贯的表演，进行自评和互评，评价时也可以引导幼儿围绕美感与表现力等，最后教师可将比较完整的表演进行动作的完善，形成班级个性化的操节。这种创造性的尝试不仅提高了幼儿的体操水平，还让他们学会了如何运用自己的想象力去创造美。

三、彰显运动创美的显著成效

作为一种创新的幼儿教育实践，将创美教育的核心——"创造"与"美"的结合，巧妙地融入运动之中，为儿童的全面发展带来了显著的成效。

（一）运动之美构筑身心健康的基石，丰富了审美体验

运动之美，在于它不仅能够塑造强健的体魄，还能培养坚韧不拔的精神和乐观向上的心态。在运动"绘"美的实践中，幼儿通过参与丰富多彩的运动活动，不仅锻炼了身体，提高了协调性和平衡感，还学会了如何控制自己的情绪，释放压力，培养积极向上的生活态度。同时，运动中的美学元素，如材料之美、力度之美和动作之美，为幼儿提供了丰富的审美体验。色彩丰富、形态各异的体育器材，富有创意的运动场景，以及幼儿在运动中所展现出的流畅、协调的

动作,都让幼儿在运动中感受到了美的存在,深化了他们对美的理解和感知。

(二)运动创美激发创造力与想象力,促进了全面发展

将创美融入运动之中,幼儿可以在运动中发挥想象力,尝试不同的运动方式,设计独特的运动游戏规则,甚至用身体"绘制"出美丽的图案或故事。这种创造性的表达不仅让运动变得更加生动有趣,更激发了幼儿的创新思维和想象力。在运动"绘"美的实践中,幼儿通过参与各种富有创意和美感的运动活动,学会了如何将内心的想法转化为具体的行动,如何在实践中不断尝试和改进。这种经验不仅培养了幼儿解决问题的能力,还让他们在运动中体验到了创造的乐趣和成就感,促进了他们的全面发展。

(三)运动创美传承宝贵的运动精神,深化了文化内涵

运动创美不仅为幼儿提供了一个展现自我、创造美的平台,更在无形中传承了宝贵的运动精神。这种精神的传承,不仅体现在对运动技能的追求上,更体现在对团队合作、坚持不懈、勇于挑战等核心价值观的坚守上。在运动"绘"美的实践中,幼儿通过参与各种富有创意和美感的团队运动,学会了如何在团队中发挥自己的作用,如何与队友共同面对挑战,如何在失败中寻找成长的机会。这些经历不仅让幼儿对运动有了更深入的理解和热爱,更让他们在运动精神的熏陶下,逐渐形成了积极向上、坚韧不拔的人生态度。这种运动精神的传承,不仅深化了儿童全面发展的文化内涵,更为他们的未来成长奠定了坚实的基础。

总之,在实施创美教育与运动融合的过程中,幼儿园教师还应定期进行总结和反思,应关注幼儿的运动表现和创美成果,评估这种融合方式的有效性和可行性。同时,他们还应根据幼儿的反馈和需求,不断调整和优化教学策略和方法,以实现更好的教育效果。将幼儿园创美教育融入运动中是一种富有成效的教育方式。

第三节 融入于游戏中的创美教育活动

创美教育活动作为艺术教育的一部分,打破传统的"重技能、重模仿"的教学模式,更显个性化、多样化,在活动中更注重对幼儿情绪情感、个性、

创造力、想象力等方面的培养。游戏作为幼儿园教育的基本活动形式,为幼儿提供了一个自由、快乐、富有创造性的学习环境。而创美教育活动作为一种融合了创造力和审美体验的活动形式,在幼儿园游戏中具有独特的价值。通过创美教育活动,幼儿可以表达自己的情感和想法,发展创造力和审美能力,培养良好的个性品质和社交技能。因此,深入研究幼儿园游戏中的创美教育活动,对于提高幼儿园教育质量,促进幼儿全面发展具有重要的现实意义。

一、创美教育活动游戏化的内涵

(一)以幼儿为中心的主体性

在游戏化的创美教育活动中,幼儿是活动的主体,教师是活动的引导者和支持者。幼儿通过自主参与、自由选择、自由表达,能够充分发挥自己的主观能动性,体验到学习的乐趣和成就感。教师应尊重幼儿的兴趣和选择,给予幼儿足够的自主权和探索空间,鼓励幼儿在游戏中大胆尝试和创新。

(二)强调活动的趣味性与吸引力

游戏化教学的核心在于趣味性,只有充满趣味的活动才能吸引幼儿的注意力,激发他们的学习兴趣。在创美教育活动中,教师应设计富有创意和趣味性的游戏环节,让幼儿在游戏中体验到美术创作的乐趣,培养他们的审美情趣和创造力。例如通过角色扮演、情景模拟、竞赛游戏等形式,将美术活动融入游戏中,使幼儿在轻松愉快的氛围中学习美术知识和技能。

(三)尊重并适应幼儿的个体差异

每名幼儿都有自己的独特性和差异性,教师应尊重幼儿的个体差异,因材施教,为不同水平的幼儿提供适宜的支持和指导。在游戏化的创美教育活动中,教师可以根据幼儿的兴趣和能力,设计不同难度的游戏任务,让每名幼儿都能在活动中找到适合自己的角色和挑战,体验到成功的喜悦。

(四)注重活动过程的体验与成长

游戏化的创美教育活动不仅关注结果,更关注过程。教师应关注幼儿在活动中的表现和变化,及时给予积极的反馈和指导,帮助幼儿发现问题、解决问题,提升他们的自信心和学习动力。同时,教师还应鼓励幼儿在游戏过程中进行交流和合作,培养他们的团队协作能力和社交能力。

二、创美教育活动游戏化的实践

(一)构建游戏化的活动情境

在创美活动中,教师可以通过创设游戏化教学情境,将幼儿带入一个充满趣味性的学习氛围中,使幼儿在游戏中获得美的体验。在游戏过程中,教师可以引导幼儿观察周围的事物,感受大自然的美丽与神奇,进而激发幼儿的灵感与创造力。同时,教师还可以利用多媒体教学手段,展示一些优秀的绘画作品,让幼儿在欣赏作品的过程中获得美的享受与熏陶。

情境化的游戏玩法能够让幼儿更加容易理解和接受。例如在绘画活动中,教师可以设计一个"小小画家"的游戏情境,让幼儿扮演小画家,在画纸上画出自己喜欢的动物或植物。通过情境化的游戏玩法,幼儿能够更加积极地参与到绘画活动中来,提高他们的绘画技能和创造力。

(二)融合游戏与生活的活动形式

幼儿的生活经验是创美教育活动的重要资源。在游戏化教学中,教师可以结合幼儿的生活经验,设计与幼儿生活密切相关的游戏内容,使幼儿在游戏中获得更加真实与深刻的体验。在游戏过程中,教师可以引导幼儿关注家中的细节变化,如家具的摆放、墙壁的颜色等,使幼儿学会观察与表现生活中的美。同时,教师还可以鼓励幼儿与家人一起参与绘画游戏活动,增进亲子关系与家庭氛围的和谐。

在创美教育活动中,教师可以开展多样化的游戏形式,以满足不同幼儿的需求与兴趣。在游戏过程中,教师可以鼓励幼儿发挥想象力与创造力,尝试不同的材料与制作方法,使作品更加独特与美观。此外,教师还可以组织幼儿进行手工制作比赛,让幼儿在游戏中展示自己的才华与成果,增强自信心与成就感。

(三)利用多感官参与的游戏化活动过程

在游戏化的创美活动中,教师应注重运用多感官刺激幼儿的学习兴趣和参与度。通过视觉、听觉、触觉等多种感官的参与,幼儿更加深入地感受到美术创作的魅力。例如在绘画活动中,教师可以让幼儿用不同颜色的画笔进行涂鸦,感受色彩的魅力和变化;在手工制作活动中,教师可以让幼儿亲手触摸和感受各种材料的质地和形状,培养他们的动手能力和创造力。

（四）引入游戏化元素的活动评价体系

在游戏化的创美活动中,教师应采用富有创意和趣味性的评价方式,激发幼儿的学习兴趣和自信心。在游戏过程中,教师可以引导幼儿从色彩、线条、构图等方面进行分析与评价,使幼儿学会欣赏与评价创美作品的方法与技巧。同时,教师还可以鼓励幼儿提出自己的见解与想法,与同伴进行交流与分享,提高幼儿的表达能力与社交能力。例如教师可以采用"小画家之星""创意小能手"等评价方式,对幼儿的作品进行肯定和鼓励;还可以采用"作品展示会""小小评论家"等形式,让幼儿在展示和交流中体验到成功的喜悦和成就感。同时,教师还应注重评价过程的趣味性和互动性,让幼儿在评价中感受到游戏的乐趣和学习的价值。

（五）多样化活动资源的整合与利用

自然资源是幼儿创美教育活动的重要素材。在游戏化教学中,教师可以利用自然资源,设计与大自然相关的游戏内容,使幼儿在游戏中感受大自然的美丽与神奇。例如教师可以设计一个"自然材料创意制作"游戏情境,让幼儿收集一些自然材料如树叶、树枝、花朵等,进行创意制作。在游戏过程中,教师可以引导幼儿观察这些自然材料的形状、颜色等特点,并尝试将它们组合在一起制作出独特的作品。这样的游戏形式能够激发幼儿的想象力与创造力,使幼儿在动手实践的过程中获得美的体验与成长。

三、创美活动游戏化的成效

（一）促进幼儿全面发展

1. 提升幼儿的主动性

中班幼儿对周围的世界充满了好奇心和探索欲望,他们喜欢通过游戏来感知和认识世界。在创美教育活动中融入游戏元素,能够激发幼儿的学习兴趣,使他们更加积极地参与到活动中来。游戏化的教学方式能够让幼儿在轻松愉快的氛围中学习,提高他们的学习积极性和参与度。在游戏中,幼儿可以自主选择游戏内容和形式,自由表达自己的想法和创意,体验到学习的乐趣和成就感。这种主动性和积极性的提升,有助于培养幼儿的自主学习能力和终身学习的习惯。

2.增强幼儿的创造力

创造力是幼儿创美教育的核心目标之一。游戏中的创美为幼儿提供了一个自由发挥想象力和创造力的空间。幼儿们可以根据自己的兴趣和想法进行创作,不受传统规则和标准的束缚。通过游戏化的创美教育活动,可以激发幼儿的想象和创造力,让他们在游戏中自由表达自己的想法和感受。游戏中的自由创作和自主探索能够培养幼儿的创新意识和独立思考能力,为他们未来的学习和生活打下坚实的基础。

3.丰富幼儿对美的感知与分享能力

游戏化的创美教育活动能够让幼儿在游戏中体验到交往和分享的乐趣。在游戏中,幼儿可以与同伴进行交流和合作,共同完成任务和挑战;还可以展示自己的作品和创意,分享自己的成功和喜悦。这种交往和分享的体验,有助于培养幼儿的社交能力和团队合作精神,让他们学会尊重他人、欣赏他人。同时,游戏化的创美教育活动还能够让幼儿在游戏中感受到美的力量和魅力。通过观察和欣赏各种艺术作品和自然美景,幼儿可以培养自己的审美情趣和审美能力;通过创作和表达自己的作品和创意,幼儿可以体验到创作的乐趣和成就感。这种美的体验和感受,有助于培养幼儿的艺术素养和人文情怀,让他们学会欣赏美、创造美。

4.促进幼儿的社会性发展

中班幼儿正处于身心发展的关键时期,游戏化的创美教育活动不仅能够促进他们的艺术表达能力的发展,还能够培养他们的认知能力、社交能力和解决问题的能力。在游戏活动中幼儿通常以小组或集体的形式进行,幼儿在活动中需要与同伴合作、交流和分享。这种社交互动的过程能够培养幼儿的合作意识、沟通能力和分享精神,提高他们的社交技能和人际交往能力。同时,游戏中的创美教育活动是幼儿表达情感和想法的一种方式。幼儿可以通过绘画、手工、音乐、舞蹈等形式,将自己的喜怒哀乐、愿望和梦想表达出来,这种情感表达的过程能够帮助幼儿更好地理解自己的情感,释放内心的压力,促进心理健康发展。游戏中的挑战和困难也能够激发幼儿独立解决问题的能力,促进他们的全面发展。

(二)提升教师专业化发展

1. 学习能力的提升与理念更新

游戏化的创美教育活动要求教师具备较高的学习能力和创新意识。教师需要不断学习和掌握新的教育理念和教学方法,了解幼儿身心发展的特点和规律,设计富有创意和趣味性的游戏环节和活动形式。这种学习能力的提升,有助于教师不断更新自己的知识结构和教育理念,提高自己的专业素养和教学能力。

游戏化的创美教育活动要求教师具备较强的实践能力和操作能力。教师需要根据教学内容和目标,设计合理的游戏环节和活动形式,组织幼儿进行游戏和创作活动;还需要在活动中及时给予幼儿积极的反馈和指导,帮助他们发现问题、解决问题。这种实践能力的提升,有助于教师更好地掌握教学技巧和方法,提高教学效果和质量。

2. 反思与自我改进的能力

游戏化的创美教育活动要求教师具备较强的反思能力和自我提升意识。教师需要对教学活动进行及时的反思和总结,分析教学效果和存在的问题,提出改进措施和建议。这种反思能力的提升,有助于教师不断反思自己的教学实践和教育理念,发现自己的不足和短板,不断提高自己的专业素养和教学能力。

3. 内在驱动力与专业发展动力的增强

游戏化的创美教育活动要求教师具备较强的内驱力和自我激励能力。教师需要对自己的教育事业充满热情和信心,不断追求更高的教学境界和教育质量;还需要不断激励自己学习和进步,提高自己的专业素养和教学能力。这种内驱力的提升,有助于教师保持积极向上的心态和饱满的工作热情,不断追求自己的教育梦想和事业成就。

中班幼儿创美教育活动游戏化是一种有效的教育模式,能够激发幼儿的学习兴趣与积极性,促进幼儿审美能力与创造力的提升。因此,幼儿教师需要积极探索游戏化教学模式在创美教育活动中的应用策略与方法,为幼儿营造轻松愉悦的学习氛围,使幼儿在游戏中获得美的体验与成长。同时,幼儿教师还需要不断反思与总结游戏化教学的效果与不足,不断完善与优化游戏化教学模式,以更好地促进幼儿身心健康发展与全面素质提升。

第四节　融合于家庭中的创美教育活动

幼儿园在"五育融合"背景下不断探索教学模式与方法,充分挖掘地域资源,打破以往课程实施方式,使空间从原来局限的课堂延伸到真实的大自然,拓宽幼儿的学习场、体验场和游戏场。通过"创美行走课堂"让幼儿获得对世界的认知,并达到知行合一,从而培养德、智、体、美、劳全面发展的"完整儿童"。本文以"创美行走课堂"为接触社会的一个窗口,融合各方资源协同育人,形成了全员、全程、全域的"完整"育人样态,赋能幼儿全面发展。

一、大班创美行走课堂的现状审视

在当前开放的社会环境下,社会呈现的多元价值观对幼儿核心价值观的形成是一种挑战,培养幼儿核心素养,落实幼儿价值体认,优化育人目标的教育迫在眉睫。现在的创美行走课堂往往存在"创美""行走"和"课堂"比重失调,基于实践和调查有三种情况。一是过于注重"课堂",即"只探究不行走"。教师过分注重知识传授,急于让幼儿达到预期的发展目标,忽略幼儿的主观性体验和身心上的愉悦。二是过于注重"行走",即"只行走不探究"。教师过分注重幼儿外出的玩乐体验,忽略促进幼儿发展的研学目标。三是狭隘理解"创美教育活动",即教师过分注重幼儿的美育的表达表现,忽略幼儿创造性思维及探索。幼儿园需要以"五育融合"的视角,从资源、空间、课程、学习、效果等方面对创美行走课堂进行顶层设计与重构,实现幼儿"五育"发展的全程渗透、全员参与、全方位介入,形成"三全"育人合力。

二、大班创美行走课堂的探索实践

(一)空间搜寻:丰富创美行走课堂资源库

幼儿园可根据所处地理位置,充分挖掘并梳理周边蕴含着的丰富创美行走活动地域资源,包括自然资源、文化资源和社会资源等。为了提高在创美教育活动中利用当地资源的效率,注意当地资源的就近性和系统性原则,对幼儿园周边的当地资源系统地梳理,详细列出可以开发利用的当地资源,便于就近获取材料的地方资源,从而形成创美教育活动资源地图。

(二)宏观架构:创美行走课程的"五育融合"

为让创美行走课堂更好地助推幼儿成长,在对创美行走课堂的内容进行宏观规划时需注重"五育融合"的系统性架构,把创美行走课堂纳入幼儿园教育教学计划。通过园内教育与园外教育有机结合,有针对性地开发不同主题的"五育"创美行走课堂内容,将创美行走课堂与园本课程有机整合,最大限度地支持和满足幼儿通过直接感知、实际操作、亲身体验获取经验的需要,发挥创美行走课堂的融合教育价值,使幼儿对外面的世界有浓郁的好奇心和探索欲,在亲近大自然,感知社会的同时,体验不一样的乐趣,更好地促进幼儿全面发展。可以从五个主题入手整体构建创美行走课堂的顶层体系。

1. 贯穿主题的"行走课堂"

此次创美探索结合大班的主题活动,开展的行走课程能够最大限度地支持和满足幼儿。通过亲身参与、直观感受、动手操作直接获取经验需求,使幼儿在行走中获得知识与快乐。比如围绕主题"我是中国人",开展了"便捷的市域小火车"活动,带领幼儿参观金山小火车,了解当地交通枢纽,感受城市之美;围绕主题活动"有趣的水",开展了"走进金山城市沙滩",体验家乡的地域风情,感受大海的魅力;围绕主题活动"我们的城市",开展了"美丽的金山嘴渔村",体验非遗文化,感受老街的别样风貌;围绕主题活动"有用的植物",开展了"美丽乡村种植行"等活动,尽可能地为幼儿创造直接感知、体验的机会,使幼儿园的主题活动得以拓展。

2. 结合节日的"创美行走课堂"

以节日为契机,依托社区、公共文化场馆、敬老院、福利院等场所,开展形式多样的节日民俗、文明礼仪、志愿服务等活动,让节日成为实施"创美行走课程"的良好机会。比如"元宵节"走进文化长廊体验舞龙舞狮、猜灯谜、吃汤圆,感知民间艺术;"端午节"走进社区包粽子、做香包、编彩绳,寄托殷殷期望;"重阳节"走进养老院,做回小小志愿者,传递节日的祝福与关爱。在一次次的体验中,让幼儿亲身体会节日蕴含的意义。

3. 结合特色的"创美行走课堂"

我园是美术特色幼儿园,在行走活动中带领幼儿深入大自然,开展田野美术节活动,让幼儿感受家乡的美丽风景的同时助力于我园课题活动的开展。比如走进公园开展"童心绘就田野梦"亲子美术活动,走进枫泾开展"魅力枫泾"写生活动,走进城市沙滩开展"趣味沙盘画",等等,既提高了幼儿的审美与创作能力,又进一步助推了幼儿园创美教育特色。

4. 走进科学的"创美行走课堂"

为强化创造意识,培植好学善思、敢于探索、善于创新的品格素养,可带领幼儿参观诸如金山区工业区的华东无人机基地等科技园区,探秘并感受现代智能科技的神奇,也可带领幼儿走进金山现代农业园区,感受现代高新技术集成的农业系统等。

（三）微观设计:探索无人机项目的"五育融合"

"创美行走课堂"既可在宏观层面系统架构体现"五育融合"理念,也可从微观层面系统架构某一个特定项目,使之渗透"五育融合"理念。以"探秘无人机"创美行走课堂项目为例,在尊重幼儿个体需求、认知规律和年龄特点的基础上,结合金山本土华东无人机基地科技园资源,关注幼儿主体性,强调幼儿自身积极性,提升教育效果。

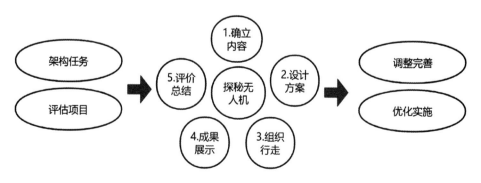

图6-4-1　"探秘无人机"实施路径

表6-4-1 项目实施表

"探秘无人机"_____(子主题)行走课堂方案			
组名		组长	
组员			
我们的问题		解决的办法: 观察( )访谈( ) 体验( )查阅资料( ) 实地考察( )实验探究( ) 设计制作( )其他( )	
成果形式:			
遇到的困难及应对方法:			

表6-4-2 采访表

_____(小组)采访表			
主题		对象	
地点		时间	
采访问题:		回答要点:	
人员分工:			
遇到的困难及应对方法:			

表6-4-3 调查表

_____(小组)调查表			
主题		对象	
地点		时间	
我感兴趣的:		我的困惑:	
需要什么支持:			

1. 科学渗透，明晰育人价值

随着国家对科技创新的日益重视，科技教育在中小学、幼儿园的地位日益凸显，它被视为培养未来科技人才的重要手段。无人机作为新兴科技的代表，具有广阔的应用前景。由于地理优势，华东无人机基地地处金山区，是华东地区首个以政府为主导的全国首批"民用无人驾驶航空试验区"，拥有上海市最大的无人机博览馆。为引导幼儿心怀科学梦想，树立创新志向，开展"探秘无人机"的创美行走课堂，通过深入了解无人机、认识无人机、提高其对无人机的兴趣、学习最前沿的科技知识并感受无人机带来的魅力，旨在培养其崇尚科学、探索未知、积极动手、敢于创新的精神，从而树立学习科学、学好科学的信心。

2. 方案渗透，体现"美""行""研"共融

在开展创美行走课堂前须根据项目主题及目标，规划好具体行走方案与内容，凸显"五育融合"理念，并设计相应的行走项目单，每份项目单的设计都尽可能符合幼儿年龄特点，富有一定趣味性。以下是"探秘无人机"创美行走课堂活动导图（图6-4-2）。

图6-4-2　"探秘无人机"创美行走课堂活动导图

3.活动渗透,孕育"五育"果实

开展创美行走课堂除了注重发挥教师的导学作用,更应关注幼儿的身心发展特点和个性需求。因为创美行走课堂已愈加成为幼儿园体现"五育融合"课程实施的重要环节和时空,在充满变化的"活"课堂中,幼儿既是课程目标实现的对象,也是课程活动展开的主体,还是课程效益评估的重要组成部分。课程的实施分以下环节进行:

(1)前期铺垫,有效衔接

在参观基地前,引导幼儿开展前期调查,引导幼儿探索为什么叫无人机基地?那里有什么?基地是什么样的造型?有哪些标志?激发幼儿对参观基地萌发浓厚的好奇心,并根据讨论的结果和想法制订计划书。通过前期的调查和幼儿的讨论,幼儿积累了初步的无人机概念。

(2)分组活动,交流分享

整个活动以小组为单位,开展探究实践,探索过程中可以依据幼儿的年龄特点和性格引导幼儿自由组合,合作探索,分配任务,并用视频、照片或绘画等方式记录自己在无人机基地参观过程中所观察到的并分享,便于后期更好地探索和实践。

(3)走进科学,实践体验

【探秘无人机】

走进华东无人机基地,通过参观华东无人机基地飞行服务大厅和无人机博览馆,了解我国空域管理情况、无人机的各种分类、发展和应用场景,让幼儿真正意识到"科技改变生活"。同样,在基地,科技兴国的爱国主义教育一览无余(图6-4-3)。

【体验无人机】

与之互动时,零距离体验专业无人机模拟驾驶,绝对是幼儿一生难忘的新奇体验。环绕歼-15式战斗机模拟座舱,仪表盘、声音、警报……沉浸式感受飞行驾驶环境,

图6-4-3 参观无人机基地

小小机长,申请出战的使命感油然而生(图6-4-4)。

【想象无人机】

你想象中的无人机是怎么样的? 无人机还有哪些造型和功能? 带着疑问与好奇,幼儿来到美工区为自己想要制作的无人机绘制图纸(图6-4-5),教师作为

图6-4-4　体验驾驶无人机

引导和支持者,为幼儿提供多样的材料及技术支持,并与幼儿一起制作"无人机"。每一个探索过程都承载着教师的智慧,为幼儿搭建强有力的平台,促使幼儿多元体验从而激发幼儿的多元化个性表达。

【邂逅无人机】

怎样能让无人机飞起来? 幼儿在操场上肆意奔跑,铆足劲探索着如何能让自己的无人机飞起来……另一头,幼儿在老师的陪伴下操纵着遥控器,寻求最佳视角,定格幼儿和幼儿园最美的瞬间(图6-4-6)。

图6-4-5　设计制作无人机的步骤展示

图6-4-6　体验无人机航拍

(4) 成果展示,评价总结

在创美行走过程中,幼儿用绘画的方式记录自己的成果与收获。通过交流分享和展示汇报,幼儿成为评价的主体,对自己在"探秘无人机"创美行走课堂的表现进行自评,同伴间进行互评,以民主投票的原则评选出"行走之星"。最后,教师、家长共同参与对本次行走活动进行总结,进一步发现问题,

及时调整课程内容和形式,为下一个项目的实施提供借鉴。一次次行走经过精心的设计和共同的经历,才能留存在幼儿的心里孕育出"五育"的果实。

三、大班创美行走课堂的研究成效

(一)助长幼儿的生长力

"创美行走课堂"研究过程中空间资源丰富、形式比较自由自主、探索比较深入,有利于幼儿全面发展。

1. 积累了户外活动的经验,体验了探索的乐趣

创美行走课堂因为存在形式的特殊性、多样性,为幼儿提供了亲近自然、了解社会的机会。在整个模式下开展活动,可以让幼儿了解到书本以外的知识,通过自我深入探究的方式沉浸式了解每一个活动主题,更好地了解社会场馆、大自然等。在一次次与场馆以及大自然的接触与探索中,积累了很多户外活动的经验,同时也体验了课堂所不能满足的成就感以及探索乐趣。

2. 促进了动手操作、处理问题等多元能力的发展

在开展创美行走课堂活动前带领幼儿参观场馆基本是以集体讲解方式进行。进行了创美行走课堂的实施研究后,基本能围绕真实问题让幼儿自己设计任务清单,幼儿根据自制的任务清单自由组合进行自主创美探索实践,在思考与尝试解决问题的过程中,逐步提高自主探索的能力,使自主探索走向有序。在实践过程中,幼儿的审美能力以及表达表现得到充分展现,同时在探索过程中促进了动手操作、处理问题、观察探索等多元能力的发展。

3. 培养了幼儿创造性思维及探索能力

在开展创美行走课堂活动前主要让幼儿以观察、参观、集体讲解的方式进行户外社会实践活动。开展了创美行走课堂活动后,更加倾向幼儿为主体、教师主导的模式,在某个特定的主题行走活动中充分调动幼儿的已有经验,鼓励幼儿自主探索,鼓励幼儿对自己的想法进行分析和实践研究,培养了幼儿科学探究的兴趣。

(二)激发教师的潜力

1. 基于儿童视角的探索观念的转变

以往的户外实践活动,都是教师带领幼儿参观,教师、工作人员讲解,幼

儿参观。通过行走活动的开展,教师与幼儿共同进行前期调查准备,各自设计任务清单,并进行一系列的讨论与商榷,从而激发幼儿实践过程中主动探索、解决问题,在设计过程中促进幼儿的多元表达。教师的观念意识逐步转变,通过在幕后给予技术支持,帮助鼓励幼儿大胆探索,把舞台留给幼儿。

2. 基于儿童需求的回应支持素养的提升

幼儿是有能力的学习者。在行走课堂开展后,教师作为支持者,促进幼儿深度学习,帮助幼儿在已有经验下获得新的经验,引导幼儿在探索中能更加深入与细致,最终构建以幼儿自我知识经验为主的探索活动。在这个过程中始终站在幼儿的视角上,采纳幼儿的问题,看懂幼儿的需求,支持幼儿的探究行为,提升教师自我的课程领导力,促进探索活动的发展。

(三)助推家园社合作力

创美行走课堂是幼儿园教育的园外延续,是家庭教育的补充,可以使幼儿园教育和家庭教育从封闭式走向开放式,弥补幼儿园教育在重知识教学方面存在的不足,使学校教育系统、家庭教育系统与整个社会系统发生紧密的联系。通过组建家委会、家长志愿服务队,同时吸纳民间艺人、各行业"大牛"、各领域专家等,形成家、园、社育人共同体,制定行走课堂活动事宜,充分发挥多种资源的育人功能,有效落实各项活动规划和行动计划,共同为幼儿的发展创造良好的条件。

依托"创美行走课堂"活动,积极邀请家长参与,有效传播此次活动的教育目的以及教育方式,让家长身临其境参与幼儿的教育工作,履行教育使命,这样既能有效促进幼儿能力发展,又帮助家长获得更好的亲子关系。家长在活动中可以获得对幼儿和教师的更多认识,更加理解和支持教师的工作,以此构建愈加和谐的教育氛围。

(四)激活场馆的生命力

在创美行走课堂开展之前,并没有意识到社会中的教育资源是多么丰富。在开展活动之后,通过调查、深入挖掘,比如在种植基地了解植物的多种种植手段,体验先进的种植技术;在科技馆了解身边的智能设备,意识到我们科技进步是多么迅速;在博物馆观摩了先人的高超技艺,在敬老院福利院体会人间情暖,一场场活动体验无不诠释着社会场馆资源是多么丰富;在公园、动物园、植物园与大自然亲密接触,同时利用有利的资源进行田野美术节,诠释艺术气息的同时感叹自然资源是多么浓厚。因此,有了一场场的行走活动促进了教师、幼儿的生长,也激活了场馆的价值以及生命力。

"创美行走课堂"是一门综合性课程,它让幼儿走出课堂的"藩篱",走向更广阔的自然世界和社会生活,并从中汲取成长的力量。它立足育人主体多元化、育人时空立体化,努力构建"全环境"育人模式,促进了教师、幼儿的成长,拉近了家园社之间的距离,也激活了场馆的价值以及生命力。实践中让幼儿园的课程深度整合与融通,在纵深发展中不断丰富课程内涵,拓展课程实践场域,推进和深化素质教育,促进育人模式的改革与创新!切实落实"幼儿与自然共成长、师幼共成长、亲子共成长"的育人理念,赋能幼儿全面发展。

后　记

　　当《创美行远——幼儿园创美教育活动的蝶变之路》终于付梓之际，心中满是感慨与感恩。从最初的选题策划到最终的成书出版，每一步都凝聚着金悦团队的心血与智慧。是的，这是时隔三年，继2021年成果《金童幻彩 悦享乐画》以来，金悦幼儿园的又一研究成果终于如愿以偿地呈现在读者面前。这不仅印证了金悦幼儿园以美育人、向美而生的研究历程，更是聚焦幼儿成长、聚力教师专业发展的实践经验与成果。

　　自2008年起，金悦幼儿园正式开启了"以幼儿发展优先"为归旨的幼儿园美术教育活动的实践探索之路，近二十年来，始终坚持以幼儿为中心，顺应幼儿爱玩的天性，以游戏为基本活动，为幼儿提供自由探索的空间，激发幼儿的体验兴趣。回溯创美教育活动的建设历程，那是一段充满惊喜与发现的旅程，从最初对创美教育理念的探索与思考，到逐步将各种创意活动融入日常，强化"儿童意识"成为撬动创美教育活动改革的杠杆。我欣喜地看到，教师们不断调整自己的思想站位和教育行为，实现了两大转变：从以"教师为主体"的创美教育活动逐渐转变为以"儿童为主体"的创美教育活动，从相信儿童是有能力的学习者到支持儿童是有能力的学习者。尊重幼儿内心最本真的想法，关注多方资源的开发和运用，实现理念突破，创新实践样态，支持幼儿在创美教育活动中自主地表达。此书呈现了教师在"倾听儿童"之路上不断生长的思考过程，在这个过程中，幼儿无疑是最大的主角，他们用纯真的心灵去感知世界的美，用无畏的勇气去尝试各种创美表达，让创美教育活动真正成为承载和呼应每一名幼儿成长的张力与诉求。教师的活动审议能力被悄然唤醒，他们逐渐成为有能力的创美教育活动建设者，在活动中创造性地赋权并支持着幼儿，以极具智慧的方式与幼儿热忱而又相融地编制着更适宜幼儿发展的创美教育活动。

回望这一路，感谢给予莫大帮助的各位专家领导。感谢金山区教育局对我园的赏识与厚爱，以及对创美教育的关心与指导，促使我们在课程改革浪潮中不断思考、不断摸索。感谢金山区教育学院科研室，在阮爱新专家的引领下倾力指导，促使我们发现已有研究的不足及衍生的新问题，在此基础上不断补充、深化与创新。感谢金山区教育学院学前教研室，为我们搭建展示交流的平台，促使我们在实践中不断优化创美教育活动，被更多的同行关注和认可。感谢家长们的支持与信任，为幼儿提供更广阔的创美空间，为幼儿延续创美的乐趣。

二十载栉风沐雨，金悦幼儿园在时代浪潮中自我革新。此书的出版是对创美教育活动的总结与回顾，更是对未来的展望与期许，它将成为金悦幼儿园创美教育的一个里程碑，激励我们不断前行，为幼儿开启更多通往美的大门。未来，我园将继续全面贯彻党的教育方针，坚持以美育人、以文化人，以高质量学前教育为生命线，以创美初心一路行远，优化创美教育的探索，进一步完善家园社协同育人机制，助推园所的高质量发展。

本书还有诸多不足之处，有让我们深感"未能将所有鲜活的实践与智慧全然展现"的遗憾，以及"还在不断持续创新实践未能及时收录"的感慨，但相信教师在未来将怀揣创美火种潜心钻研、亲历实践，继续去发现儿童、理解儿童、支持儿童。

陆美英

2025 年 2 月

参考文献

［1］尹荣, 陈炳宏. 幼儿园循证教学的内涵要义、专业价值与实践探索［J］. 福建教育（学前）, 2024.

［2］薛启迪, 于冬青. 聚焦过程质量: 美国教养模式中幼儿发展循证评估的路径与启示［J］. 幼儿教育, 2024（Z3）: 86-90.

［3］丁悦. 项目式学习在幼儿美术活动中的有效应用［J］. 上海托幼, 2024,（11）: 36-37.

［4］屈万红. 立德树人向美而行: 在美育中塑造幼儿积极人格［J］. 山东教育. 2024.（Z3）: 13-15.

［5］吴雪萍. 基于创造力培养视角的幼儿美术教育活动研究［J］. 中国民族博览. 2024.（19）: 193-195.

［6］徐晟. 走向整全审美生命: 当代学校美育的人学探寻［J］. 中国人民大学教育学刊. 2024.（03）: 133-143.

［7］王蓉. 在美术教育中培养幼儿审美能力［J］. 儿童与健康, 2024,（08）: 16-17.

［8］单芳. 美育生态视域下的幼儿美术活动［J］. 好家长, 2024,（64）: 54-55.

［9］叶蕊. 中国传统文化融入幼儿美术活动的实践研究［J］. 教师博览, 2023,（30）: 80-82.

［10］李春萍. 为生活而艺术的创美教育课程［J］. 山东教育, 2023,（12）: 18-20.

［11］欧小军, 付军. 五育融合育人实践的五个"融合度"［J］. 中国德育, 2023,（16）: 37-40.

［12］曹群芳.天时·地利·人和：美育取向的"山海童艺"广角探索［J］.少儿美术,2022,(10):8-10.

［13］黄慧.基于生活的幼儿审美教育资源的开发和利用［J］.科学咨询(教育科研),2018,(12):168.

［14］董建飞.以体验式美术活动促进幼儿的主动学习［J］.上海托幼,2021(09):40.

图书在版编目（CIP）数据

创美行远 / 陆美英著. — 上海：文汇出版社，

2025. 4. — ISBN 978-7-5496-4493-3

Ⅰ. G613

中国国家版本馆CIP数据核字第2025AT0549号

创美行远

——幼儿园创美教育活动的蝶变之路

著　　者 / 陆美英

责任编辑 / 熊　勇

封面装帧 / 薛　冰

出版发行 / 🅼文汇出版社

　　　　　上海市威海路755号

　　　　　（邮政编码200041）

经　　销 / 全国新华书店

排　　版 / 南京展望文化发展有限公司

印刷装订 / 上海新文印刷厂有限公司

版　　次 / 2025年4月第1版

印　　次 / 2025年4月第1次印刷

开　　本 / 720×1000　1/16

字　　数 / 180千字

印　　张 / 12

ISBN 978－7－5496－4493－3

定　　价 / 48.00元